Magistratsdistrikte, Heimatländer und Wildreservate

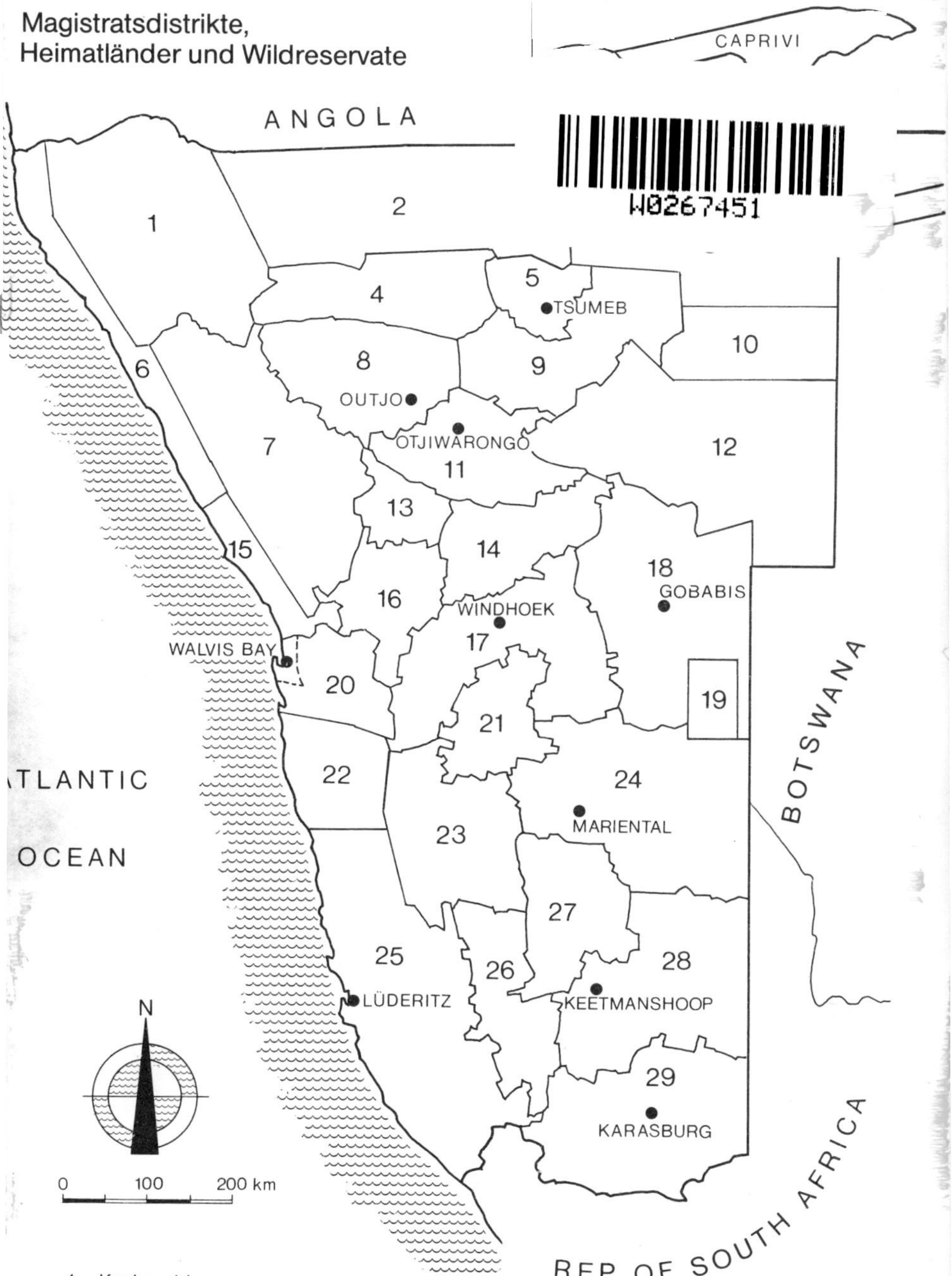

1 Kaokoveld
2 Owamboland
3 Kavango Gebiet
4 Etosha National Park
5 Tsumeb
6 Skeleton Coast Park
7 Damaraland
8 Outjo
9 Grootfontein
10 Buschmanns Land
11 Otjiwarongo
12 Herero Land
13 Omaruru
14 Okahandja
15 Swakopmund
16 Karibib
17 Windhoek
18 Gobabis
19 Aminus
20 Namib Wüstenpark
21 Rehoboth
22 Walvisbay
23 Maltahöhe
24 Mariental
25 Lüderitz
26 Bethanien
27 Namaland
28 Keetmanshoop
29 Karasburg

(nach Dr. Joubert / P. K. Mostert)

Hubertus Graf zu Castell-Rüdenhausen
Jagen zwischen Namib und Kalahari

Hubertus Graf zu Castell-Rüdenhausen

Jagen zwischen Namib und Kalahari

Wildarten und Wildvorkommen, Jagdmöglichkeiten und Jagdarten

2., überarbeitete, aktualisierte und ergänzte Auflage

Mit 98 Abbildungen im Text und 18 Photos auf 8 Tafeln
sowie 36 Verbreitungs- und 5 Übersichtskarten

Verlag Paul Parey · Hamburg und Berlin

Die Zeichnungen der Tiere und die Trittsiegel stammen von This Haab, Zumikon/Schweiz. Die Vogelabbildungen zeichnete Ursula Frerichs, Hamburg.

CIP-Kurztitelaufnahme der Deutschen Bibliothek

Castell-Rüdenhausen, Hubertus Graf zu:
Jagen zwischen Namib und Kalahari : Wildarten
u. Wildvorkommen, Jagdmöglichkeiten u. Jagdarten /
Hubertus Graf zu Castell-Rüdenhausen. – 2. Aufl. –
Hamburg ; Berlin : Parey, 1991
ISBN 3-490-08712-7

 Anschriften: Spitalerstraße 12, D-2000 Hamburg 1; Seelbuschring 9–17, D-1000 Berlin 42. Printed in Germany by Rasch Druckerei und Verlag GmbH & Co. KG, Bramsche. Umschlaggestaltung: Jan Buchholz und Reni Hinsch, Hamburg, unter Verwendung eines Photos von Klaus Schendel.

ISBN 3-490-08712-7

Dieses kleine Werk ist meinem langjährigen Freund Jan Gaerdes, dem „Sandveld Indianer“, dessen Lebensinhalt die Erforschung der freilebenden Tierwelt Südafrikas und Südwestafrikas sowie die Erhaltung seiner Wildbestände ist, in Dankbarkeit gewidmet.

Zum Geleit

Im vorliegenden Buch hat Hubertus Graf zu Castell-Rüdenhausen, Windhoek, mit großer Erfahrung, Sachkenntnis, Begeisterung und Liebe das wichtigste Material zur Jagd in Südwestafrika/Namibia zusammengetragen und zu einem Handbuch verarbeitet, das durch seinen praxisnahen Inhalt allen Jägern und Jagdinteressenten hier und in Europa willkommen sein wird. Der Verfasser hat durch sein Wirken für die waidgerechte Jagd in Südwestafrika/Namibia einen entscheidenden Beitrag geleistet und durch seinen persönlichen Einsatz in der Öffentlichkeit und in Jägerkreisen zu dem hohen Stand der Jagd in Südwestafrika/Namibia beigetragen. Mit dem vorliegenden Buch stellt er sich noch einmal auf literarischem Gebiet in den Dienst des edlen Waidwerks, dem er sich sein Leben lang verpflichtet gewußt hat, wofür ihm alle Freunde und Jäger dankbar sind, nicht zuletzt auch das Land Südwestafrika/Namibia, dessen Ruf als Land waidgerechter, erfolgreicher und schöner Jagd neu bestätigt wird. So begleitet dieses Buch auf seinem Weg in die Öffentlichkeit der herzliche Wunsch, daß es seinen Sinn und Zweck erfüllt, Freude macht, Nutzen schafft, die Jagd in unserem Lande fördert – kurz: Jagd und Jägern dient.

Windhoek, im Frühjahr 1981

Dr. H. J. Rust
Ehem. Leiter der S. W. A.
Wissenschaftlichen Gesellschaft

Vorwort zur 2. Auflage

Das Buch erlebt nun eine Neuauflage. Die große Nachfrage danach hat gezeigt, daß es seinen Zweck erfüllt, die Jäger, die zur Jagd hierherkommen möchten, hinreichend zu informieren und ihnen das Land mit seinem Wild und seinen Menschen nahezubringen.

Daher ist an dem Inhalt auch gar nicht viel geändert worden. Lediglich nicht mehr Zutreffendes wurde gestrichen und einige Ergänzungen kamen dazu: Ein Absatz über Telekommunikation des Wildes und einer über den Berufsjägerverband.

Das Buch bleibt auf das Fachgebiet „Jagd“ ausgerichtet und befaßt sich ausschließlich mit Fragen, die den Jagdtourismus betreffen.

Es sind seit Erscheinen der 1. Auflage wohl große Veränderungen in unserem Lande vor sich gegangen, die unsere Zukunft vielleicht unsicher erscheinen lassen mögen. Unsere Natur- und Wildschutzbestimmungen blieben jedoch davon unbetroffen. Der Tourismus und natürlich auch die Jagdtouristik bestehen in gleicher Form weiter und bleiben unberührt von allem politischen Geschehen. Der Gast aus Übersee wird folglich das „alte Südwest“ mit seinen Weiten, seinem wechselnden Landschaftsbild, mit seinen Wildbeständen und seinem fast stets strahlenden Wetter auch weiterhin vorfinden.

So möge der Leser es hinnehmen, wenn ich, wo es geht, den Namen „Südwest“ für unser Land gebrauche, denn unser altes Südwest besteht noch und wird, so hoffen wir, für alle Zeit weiterbestehen, denn:

... wir lieben Südwest!

Mit Weidmannsheil!

Windhoek, im Frühjahr 1991

Der Verfasser

Vorwort zur 1. Auflage

Einem oft geäußerten Wunsch und einer Anregung des Vereines Südwestafrikanischer Jäger entsprechend, habe ich mit diesem Werk ein Handbuch für Jäger in Südwestafrika/Namibia verfaßt.

In den über 40 Jahren meines Aufenthaltes in diesem Lande war es von Beginn an mein Bestreben, meinen Jagdfreunden und meinen Brüdern von der grünen Zunft den Gedanken der Waidgerechtigkeit nahezubringen und zu verstärken. In diesem Sinne war auch meine langjährige Tätigkeit im Vorstand des Vereins S. W. A. Jäger ausgerichtet.

Meine jagdlichen Erfahrungen in deutschen und in südwestafrikanischen Jagdgefilden sowie die sehr strenge jagdliche Erziehung in meinen Jugendjahren haben es mir ermöglicht, dieses Handbuch zusammenzustellen. Möge es ein Leitfaden für diejenigen sein, denen jagdliche Passion in den Adern pulst. Möge es allen Freunden der Jagd als Ratgeber dienen, die als Gastjäger unser Land besuchen, um hier jagdliche Freuden zu erleben und gute Trophäen zu erbeuten.

Herrn Dr. phil. H.J. Rust, Windhoek, danke ich herzlich für die Bearbeitung des Kapitels „Land und Leute“.

Windhoek, im Frühjahr 1981 H. Graf zu Castell-Rüdenhausen

Inhalt

Land und Leute

Südwestafrika, 1884 zum Schutzgebiet des Deutschen Reiches erklärt, wurde damit die erste deutsche Kolonie. Durch den Friedensvertrag von Versailles ging Deutschland seiner Kolonien verlustig. Südwestafrika wurde 1919 als Völkerbundsmandat der derzeitigen Union von Südafrika zur integralen Verwaltung übertragen. Nach dem Zweiten Weltkrieg, als anstelle des den veränderten internationalen Gegebenheiten nicht mehr genügenden Völkerbundes die Gründung der UNO geschah, im tropischen Schwarzafrika der Antikolonialismus aktiviert wurde, gewann auch die Forderung nach Eigenstaatlichkeit Südwestafrikas weltpolitische Bedeutung. Die Bezeichnung Namibia wurde 1968 von der UNO in den internationalen Sprachgebrauch eingeführt. Dieser Name ist die nicht glücklich gewählte Übertragung einer Teillandschaftsbezeichnung auf das Gesamtgebiet.

Vor der deutschen Besitznahme blieb das Land von den europäischen Kolonialmächten wegen seiner gefährlichen Zugänglichkeit von See her, wegen seiner Regen- und Wasserarmut und wegen der blutigen Kriegswirren unter den Eingeborenenstämmen unbeachtet. Nur Händler hatten sich vom Süden her in das Gebiet gewagt und von ungeheurem Wildreichtum berichtet, der dann Jäger und Forscher aus aller Welt anlockte.

Um die Wende des 18. zum 19. Jahrhundert begann damit der Einfluß europäischer Kultur in Südwestafrika. Um dieselbe Zeit folgte die evangelische Mission im Süden auf Einladung von Hottentotten-Stämmen im Groß-Namaland, später – seit 1942 – wirkte sie auch im Norden, wo die Herero ansässig waren.

Otjimbingwe, im Grenzsaum zwischen beiden Völkern und im Hinterland der britischen Hafenenklave Walvisbay gelegen, war schon über 40 Jahre nicht nur Zentrum der deutschen evangelischen Mission, sondern auch Ausgangsort der Händler und Forscher in das Landesinnere sowie eines englischen Minenunternehmens. Die Hoffnung, Minerale zu finden, war wohl vor Handelsinteressen und Siedlungsmöglichkeiten für deutsche Auswanderer wichtigster Anlaß für das Unternehmen des Bremer Kaufmanns Lüderitz. Er ist 1886 auf einer Bootsfahrt im Mündungsgebiet des Oranje verschollen. Nicht zuletzt waren die 1908 im Namibsand bei Lüderitzbucht entdeckten Diamanten ein Anreiz für den englisch-südafrikanischen Griff nach Deutsch-Südwestafrika im Ersten Weltkrieg. Heute erregt das Uranvorkommen in der Namib das Weltinteresse.

SWA/Namibia, politisch im Norden von Angola, im Osten von Botswana und im Süden von der Republik Südafrika begrenzt, erstreckt sich mit einer Küstenlänge von 1600 km längs des Atlantiks von den die Nordgrenze bildenden wasserreichen Flüssen Kunene und Okawango bis zum Oranje als südlichem Grenzfluß. Die Grenzen umschließen eine Gesamtfläche von 823 145 km^2. Im Nordosten reicht ein 450 km langer, nur 50 km breiter Landstreifen, der Caprivizipfel, zwischen Angola und Botswana bis zum Sambesi und verbindet hier SWA/Namibia mit Sambia und Rhodesien. In seiner Nordsüdausdehnung, in der Mitte vom Wendekreis des Steinbocks durchschnitten, gehört das Land der tropischen und der gemäßigten Klimazone an. Die durch den Hochlandcharakter variierenden klimatischen Bedingungen werden als subtropisch bezeichnet.

Die Atlantik-Küstenregion war und ist auch heute noch wegen ihrer Riffe, Felsen und des Nebels gefährlich. Felsen und Riffe sind freigelegtes Urgestein, die Nebel entstehen über dem kalten Benguelastrom, der von der Küste nordwärts bis Angola fließt. Er ist planktonreich, daher der Reichtum an Fischen aller Art, der wirtschaftlich voll ausgenutzt wird. Hier kommt z. B. auch die Sportfischerei zu ihrem Recht.

Die Küste ist arm an Häfen. Die Walfischbucht ist zwischen Lobito und Kapstadt der beste Naturhafen. Diesen und Lüderitzbucht, einst Angra Pequena, haben schon die Portugiesen auf der Suche nach dem Seeweg nach Indien angelaufen (1484 und 1486).

Eine Unzahl von Schiffen ist seither an der südwestafrikanischen Küste gestrandet und verschollen. Trümmer finden sich überall zwischen den Klippen und im Sand. Nach Skelettfunden ist ein Küstenstreifen nördlich Swakopmunds als „Skeleton Coast“ bezeichnet. In der Walfischbucht hißte Großbritannien 1878 die Flagge und nahm Hafen und den umgebenden Küstenstreifen von 1124 km^2 in Besitz. Seit 1884 gehört das Gebiet zu Südafrika, wurde aber während der Mandatszeit von Südwest aus verwaltet. Im Zuge der Verselbständigung SWA/Namibias hat Südafrika Walvisbay wieder in eigene Verwaltung übernommen.

Vom Kunene bis zum Oranje in wechselnder Breite von 80 bis 130 km dehnt sich zwischen der Atlantikküste und dem Steilanstieg zum inneren Hochland die Namib. Sie ist eine Vollwüste. Sie ist entstanden durch die extreme Regenarmut, die der kalte Benguela-Strom verursacht.

Die Nordnamib bildet bis in den Raum Swakopmund/Walfischbucht und entlang des Kuiseb eine Sand- und Geröllfläche mit durchbrechenden Felsrippen und Gebirgsstöcken. Südlich des Kuiseb bis zur Linie Lüderitzbucht/Aub tritt sie als Dünenlandschaft hervor. Bis zum Oranje schließen wieder Sandflächen an.

Das Escarpment (Steinanstieg) umschließt das Hochland, das in der Mitte als sandgefülltes Becken ausgebildet ist, die Kalahari.

Aus der Namib steigt das Escarpment wie eine Mauer bis zu 800, ja 1000 Metern empor und zeigt als höchste Erhebung den Gamsberg mit 2335 m. An manchen Durchbruchstellen der großen Trockenflußläufe, die den regnerischen Norden des Hochlandes entwässern, ist dieses zu gigantischen „Mondlandschaften“ zersägt und erodiert. Die Entwässerung des südlichen Escarpments gelang jedoch nicht bis ins Meer. Die mächtigen Dünen, darunter die höchste Düne der Welt, sperren den Weg. Das Wasser versickert, verdunstet. Weltbekannte Sammelbecken in der Regenzeit sind das Tsondap - und das Sossusvley. Im Sandbett der großen Trockenflüsse, wie Swakop, Omaruru und Kuiseb, bewegt sich auch außerhalb der Regenzeit ein steter Grundwasserstrom. Er ist für die Süßwasserversorgung der Kleinsiedlungen mit Gemüseanbau an den Unterläufen, der Küstenorte und der Minenbetriebe in der Namib von großer Bedeutung. Seit ältester Zeit führte der Bai Weg, von Walfischbucht kommend, entlang dem Swakoprivier oder im Bett selbst ins Landesinnere. Dort konnte in mäßiger Tiefe für Mensch und Tier überall Grundwasser gefunden werden.

Den Wüstentod durch Durst hat die Namib immer wieder gefordert. Beispielsweise 1936 wurde südlich von Lüderitzbucht das Gerippe eines Schutztrupplers gefunden. Seine Erkennungsmarke, seine Uhr und zwei Packtaschen voller Lohngeld hatte er noch bei sich. Etwa 30 Jahre zuvor war der Soldat als vermißt abgeschrieben worden.

Die Straßen und Eisenbahnlinien, die das Escarpment überwinden, sind wichtige Verkehrswege von der Küste durch die Namib in das Binnen-Hochland. Berühmtheit wegen ihrer landschaftlichen Schönheit und bautechnischen Kühnheit hat die Gamsbergstraße erlangt. Das Gamsbergplateau ist Eigentum der Max-Planck-Gesellschaft. Die Errichtung einer Großsternwarte in Regie des Max-Planck-Institutes für Astronomie in Heidelberg ist hier geplant.

Das Binnen-Hochland erreicht mit dem in der Landesmitte gelegenen Gebirgsmassiv seine höchste zentrale Erhebung. Es umschließt das oberste Einzugsgebiet des Swakop, dessen nach Norden geöffnetes Tal im Westen vom Khomashochland, im Osten von den Erosbergen begrenzt wird. Nach Süden verriegeln die Auasberge, ein faltiger Gebirgszug jüngeren geologischen Alters, das Tal. Krater und Basaltdurchbrüche in den Auasbergen sowie heiße Quellen im Tal verraten erloschene vulkanische Tätigkeit. Tektonische Beben sind in diesem Gebiet nicht selten. Diese geologischen Gegebenheiten erklären das über das ganze Land verbreitete Vorkommen heißer, schwefelhaltiger Quellen. Sie werden z. T. für den Tourismus genutzt, wie z. B. Großbarmen bei Okahandja, Ai-Ais im Fischfluß-Canyon und Otjitambi bei Kamanjab. Genutzt werden auch die Kupfervorkommen bei Tsumeb, Groß Aub, Otjihase. Sie sind Ausläufer des „Kupfergürtels" von Sambia, Katanga.

Die heißen Quellen im Hochtal des Swakop im zentralen Gebirgsmassiv nannten die Namas /Ai/ /gams, d. h. Feuerwasser, die Hereros Otjomuise, d. h. Dampfplatz. Als der Orlam-Hottentotte Jonker Afrikaner das Hochtal 1840 besetzte, gab er dem Platz den Namen „Winterhoek" nach seiner südafrikanischen Heimat, den Winterhoekbergen im Kap. Die Orlamstämme wurden bereits 1800 von den Nama über den Oranje zur Hilfe gerufen gegen die von Norden vordringenden Hereros. Das zentrale Gebirgsmassiv bildete die Völkerscheide, das Hochtal von Swakop, in das zwischen den Gebirgsstöcken von Ost und Süd Pässe führten, war der blutig umkämpfte Straßendurchgang in alle Landesteile. Hauptmann Curt von François, Befehlshaber der Schutztruppe in Stärke von 50 Mann, erhielt aus Berlin den Auftrag – ganz im Sinne eines heutigen militärischen Einsatzes der UNO – die feindlichen Auseinandersetzungen der Eingeborenen zu unterbinden und den friedlichen Bewohnern Schutz zu geben. Um den Auftrag zu lösen, nutzte François eine Erschöpfungspause der Kämpfenden und besetzte diese strategisch entscheidende Stellung mit 32 Mann. Der am 18. Oktober 1890 begonnene Festungsbau wurde damit zum Gründungstag der heutigen Landeshauptstadt. Hier haben nun alle Rassen, Völker und Stämme, insgesamt etwa 80000 Menschen der unterschiedlichsten Kultur und Bildung, friedlich zueinander gefunden.

Windhoek liegt im Mittel 1700m über dem Meeresspiegel und ist die höchstgelegene Stadt des Landes. Die Erinnerung an ihre Gründung zu deutscher Zeit bewahrt sie sich in zahlreichen Straßennamen. Die Hauptstraße ist immer noch die Kaiserstraße. Nach historischen Persönlichkeiten sind benannt: die Göringstraße nach dem Reichskommissar von 1885–90, die Françoisstraße nach dem Städtegründer von 1889–94, die Leutweinstraße nach dem Gouverneur von 1895 - 04. Andere Straßennamen, wie Lazarett- oder Kasinostraße verweisen auf den Standort längst abgerissener Gebäude. Im ältesten Teil der Stadt entlang der Kaiserstraße und parallel zu ihr in der Leutweinstraße stehen noch viele Geschäfts- und Wohnhäuser im deutschen Kolonialstil. Dort befinden sich auch die bekannten Wahrzeichen der Stadt: die Christuskirche, das Ehrenmal für die gefallenen Schutztruppler und ermordeten Farmer des Hereroaufstandes von 1904, das Reiterdenkmal. Der imponierende Komplex der Administrationsgebäude krönt beherrschend den Höhenzug zwischen

Groß- und Klein-Windhoek. Von der Terrasse des ältesten Teiles davon, dem Tintenpalast, ist die breit gelagerte Wohnviertelausdehnung gegen Auasgebirge und Khomashochland hin zu überblicken. Im Nordwesten liegen die Vororte Khomasdaal und Katutura, in denen die Farbigen und Schwarzen in schmucken Häusern leben. An die Enden der Nordsüdachse der Stadt schließen sich die sogenannten Industrieviertel an, in denen Großwerkstätten und handwerkliche Betriebe angesiedelt sind. Die Entwicklung der Innenstadt mit Banken, Geschäfts- und Hochhäusern modernen Stils setzte erst Mitte der sechziger Jahre ein. Nur die Wohnbezirke der Außenstadt zeigen noch den Charakter einer Gartenstadt.

Die Wasserversorgung erfolgte einst ausschließlich aus dem Zulaufgebiet des Hochtales und tiefen Bohrlöchern, die nachgeteuft werden mußten. Als das nicht mehr ausreichte, wurde der Sartorius-von-Bach-Damm im Swakop gebaut. Er versorgt heute die Stadt mit Hilfe einiger Pumprelais, die das Wasser über 70 km weit fördern. Durch den 40 km entfernten Windhoeker Flughafen wurde das Land dem Weltluftverkehr angeschlossen. Windhoek ist ferner Kreuzungspunkt für den gesamten Bahn- und Straßenverkehr.

Vom Zentralmassiv fällt das Binnenhochland allmählich nach Norden, Süden und Osten ab. Die westlichen Randgebiete der Kalahari dringen nördlich bis zum Kaokoveld und zwischen Kunene und Kavango bis zur Etoshapfanne vor.

Die Kalahari ist, im Gegensatz zur Namib, keine Wüste. Dank des genügenden Regenfalles bildet sie eine offene Baum- und Grassavanne in einer Dünenlandschaft. Dort liegen Pfannen und Vleis eingebettet, in denen das Wild Salz und Wasser vorfindet. Die Zeit der nach Tausenden zählenden Springbockrudel, die Jagd mit dem Buschmann als Führer oder zu Pferd hinter flüchtigem Oryx oder Gnu ist heute endgültig vorbei. Wer sie erlebte, wird sie nie vergessen!

Im mittleren Landesteil, in Höhe von Mariental, drängen die Dünen der Kalahari bis fast an die Bahnlinie Windhoek-Keetmanshoop heran. Hier, im Vorfeld der Kalahari, liegt das Sandfeld, das östlich des Waterberges die Omahake genannt wird. Durch sie versuchte 1904 das geschlagene Hererovolk mit seinem Vieh ins Betschuanaland zu entkommen. Aber nur wenigen gelang die Flucht, Tausende blieben als Opfer von Hunger und Durst auf der Strecke. Die in der Literatur angegebenen Verluste sind sicher zu hoch; dennoch war die Lebenskraft des stolzen Volkes zunächst gebrochen.

Die Hochfläche des Zentralmassives nach Norden, die auf alten Karten als Herero- oder Damaraland angegeben ist, ist bis zur sogenannten roten

Linie Farmland. Die rote Linie war die Grenze der Polizeizone, hinter der das Siedlungsgebiet endete.

Das Ovamboland unterstand auch der deutschen Schutzherrschaft, nicht aber deren Verwaltung. Die dortigen Stämme waren absolut autonom.

Die Festen Namutoni am Südrand der Etoshapfanne und Sesfontein im westlichen Kaokoveld sicherten die Grenze.

Als 1904 – mit Beginn der Aufstände – ein Ovambohäuptling mit 500 Kriegern Namutoni angriff, wurde er von nur sieben Verteidigern der Festung so blutig abgewiesen, daß er seine weitere Beteiligung am Kriege aufgab.

Um 1550 mußte ein Hererostamm vor den Tswanas in das Kaokoveld ausweichen. Zweihundert Jahre später wanderten sie jedoch wieder in das Hereroland zurück. Die Hereros sind also, ebenso wie die Orlamstämme und die Deutschen, Späteinwanderer. Als Reste der Hereros blieben die Ovahimbas und die Ovatjimbas im Kaokoveld zurück.

Mit dem nach Osten anschließenden Okavangogebiet und dem Caprivizipfel gehört das Ovamboland klimatisch in die Tropen. Die tropischen laubabwerfenden Trockenwälder führten zur Gliederung des Ovambovolkes in mehrere Stämme, deren Siedlungen in mehr oder weniger großen Rodungen liegen.

Nach Süden erweitert sich das Landschaftsbild zur offenen Parksteppe mit Weideflächen zwischen Einzelbäumen und Baumgruppen. Nach Osten beherrscht die Flußlandschaft das Siedlungsgebiet, das erst im Ostteil am Sambesi bewohnbar ist.

Der Durchschnittsregenfall im Ovamboland liegt bei 500 mm. Lange bevor die Hereros zuwanderten, waren die Ovambos in ihrer heutigen Heimat seßhaft. Sie leben noch heute nach den Sitten und Gebräuchen ihrer Väter. Die Ovambos sind Hackbauern mit Viehhaltung. Ihre Feldbestellung ist abhängig vom Regenfall und der Wasserzuführung der Oshanas.

Bleibt der Regen aus, folgen Mißernten und Hungersnot. Schon zu deutscher Zeit waren dann Hilfsaktionen erforderlich. Jetzt ist ein großzügiges Kanalsystem zur Intensivierung der Landwirtschaft geschaffen worden, das an das hydroelektrische Kraftwerk bei Ruacana angeschlossen ist.

Die Gesamtbevölkerung des tropischen Grenzsaumes, in dem außer Missionaren und Beamten keine Europäer zugelassen sind, jede Siedlung für Weiße verboten ist, zeigt in Verteilung, Volkszusammensetzung und Volksdichte die nachfolgende Übersicht lt. Statistik von 1974:

Volksgruppe	Einwohner	km^2	Dichte/km^2
Ovambos	396000	56072	7,0
Kavangos	56000	41701	1,34
Ost-Caprivi	29000	11534	2,43
	481000	109307	4,40

Sie alle gehören zur Sprachgruppe der Bantus.

Die Kopfzahl der Bevölkerung SWA/Namibias beträgt, inkl. der 99000 Weißen, 852000 Menschen, so daß im schmalen Grenzraum mehr als die Hälfte, also 63%, der nichtweißen Bevölkerung zusammengedrängt ist. Die Ovambos allein machen 46,5% der Gesamtbevölkerung aus.

Da infolge der Bevölkerungsdichte die Ernährungsgrundlage nicht gesichert ist, schicken die Ovambohäuptlinge ihre Männer als Kontraktarbeiter in den Süden, da die heimische Feldarbeit hauptsächlich von den Frauen verrichtet wird. Etwa 40000 junge Ovambos sind als Wanderarbeiter im Siedlungsland auf Farmen, in Städten, in Minen und Industriebetrieben beschäftigt.

Dieser Bevölkerungskonzentration im hohen Norden steht im subtropischen Landesteil südlich der roten Linie eine Bevölkerungsleere gegenüber. Dieser Raum ist – bedingt durch die geographischen und klimatischen Gegebenheiten – mit einer Bevölkerungsdichte von nur einem Einwohner pro km^2 – eines der am dünnsten besiedelten Gebiete der Erde.

Die mit Abstand zahlenmäßige Überlegenheit des Ovambovolkes über jede andere Volksgruppe zeigt die vorstehende Übersicht, bei der die

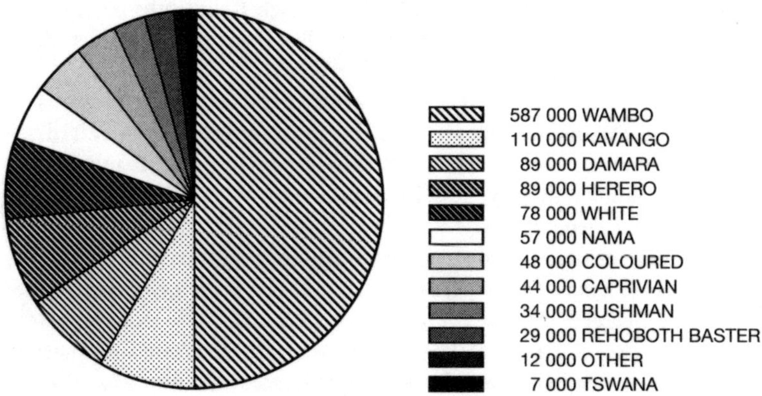

weiße Population bewußt weggelassen ist. Sie enthält den prozentualen Anteil jeder ethnischen Gruppe an der Gesamtbevölkerung und ihre Sprachzugehörigkeit.

Diese Situation wirft gewisse staatspolitische Fragen auf. Ein Herauslösen der Tropenzone aber verbietet sowohl die Abhängigkeit des subtropischen SWA/Namibia von der Arbeitskraft der Ovambos als auch von den wasserführenden Grenzflüssen. Die zwischen dem Escarpement und der westlichen Kalahari gegen das Zentralmassiv ansteigenden Hochlandflächen unterscheiden sich untereinander wesentlich in ihrem Landschaftsbild. Sind für den Norden die über die Fläche aufragenden Einzelberge und Bergzüge charakteristisch, so ist für den Süden die stufenförmig ansteigende Tafelberglandschaft typisch. Die wichtigste Wasserscheide bildet das Zentralmassiv.

Die Wintermonate im subtropischen Raum sind durch hohe Tages- und niedrige Nachttemperaturen gekennzeichnet. Klettert das Thermometer am Tage bis zu 30 °C über Null, so kann es in der Nacht bis zu 10 °C unter den Gefrierpunkt sinken. Die Wintermonate Juni/Juli sind die Safari- und Jagdzeiten.

Südlich des Wendekreises verschiebt sich die Regenzeit immer mehr in die Wintermonate. Dieses „Winterregengebiet" ist die Zone des geringsten Niederschlages, es werden in diesen südlichen Regionen jährliche Niederschläge zwischen 50 und 100 mm Regen gemessen.

Nach den durchschnittlichen Jahresregenmengen lassen sich im Hochland zwei Räume mit wesentlich verschiedenen Voraussetzungen für die Weidewirtschaft unterscheiden.

Der nördliche Raum reicht von der Nordgrenze bis Windhoek, von der Ostgrenze bis Usakos. In diesem Raum fällt im Jahr 400 bis 500 mm Regen. Die 200 mm Isohyete biegt knapp südlich Rehoboths nach Osten und verläuft dort südöstlich entlang dem Kalaharirand. Südwärts liegt dann das Winterregengebiet.

Entsprechend dieser klimatischen Unterschiede fanden die Hereros im Norden eine Steppenlandschaft vor, die ihr Nomadenleben mit ihren Rindern begünstigte. Hier gab es Weideflächen mit Dornbäumen und Büschen bestanden, hier waren Flußläufe und Vleis, die ihnen in der Regenzeit Wasser spendeten.

Die Namas im Süden dagegen lebten in einer halbwüsten, trockenen Landschaft. Sie ist fast baumlos, bestanden nur mit niedrigem Pflanzenbewuchs, mit magerer Weide für Ziegen und Schafe. Die Namas waren gebunden an feste Wasserstellen, um die sich die Stämme gruppierten. Zusätzlich war der Nama auf die Jagd angewiesen. Dadurch kam er mit den ausschließlich von der Jagd lebenden und Feldfrucht sammelnden Buschmännern in Konflikt. Für alle Völker des alten Südwest, zu denen auch die in den unzugänglichen Gebirgshorsten des Nordraumes lebenden Damaras gehören, ist aber das Wasser die entscheidende Überlebensfrage. Doch der regelmäßige Regenfall ist nicht sicher. Auf Zeiten reichlichen Regens folgen solche mit knapp ausreichenden Niederschlägen, oft zu knapp, um die Vleis und die Kolke zu füllen, die Flußläufe zum Fließen zu bringen und ausreichend Weidegras für die Herden wachsen zu lassen. Es folgen Dürreperioden, in denen das Vieh verhungert und verdurstet. Das Wild zieht weit, weit fort, der Mensch muß darben. Immer wieder gab diese Naturerscheinung Anlaß zu blutigem Streit zwischen den Völkern und Stämmen: um Wasser und Weide, um Vieh, um Wild und um Feldfrüchte. Die Hereros bedrängten die Namas und diese holten deshalb die Orlamstämme über den Oranje zu Hilfe.

Mit dem Erscheinen der ersten Händler, Jäger, Forscher und Missionare begann der Einfluß der europäischen Zivilisation. Vom Schwarz-Afrikaner aber kann sie nicht nachvollzogen werden. Intellektuelle, die es versuchen, sind in Gefahr, die Identität mit ihrem Volk zu verlieren und durch Entfremdung in die Isolation zu geraten. Die Lösung dieses Problems ist nicht die Europäisierung der Nichtweißen, sondern die Verarbeitung der europäischen Kultureinflüsse durch sie, im Sinne eigener Art und Tradition.

Die tiefgreifendste Wandlung brachte die Kolonisation dem Lande, indem sie die Nomaden seßhaft machte. Sie begann mit der Einführung des Pfluges und der Anleitung zu Gartenbau und Feldbestellung. Hinzu kam die Unterweisung in die Anfangsgründe einer Schulbildung. Kirchen und Schulen entstanden in oft primitiven Behelfsbauten an den sichersten Wasserstellen. Das waren die Kristallisationspunkte für die Ortsentwicklung der späteren Zeit.

Die weißen Siedler führten anstelle der freien Weidewirtschaft im Stammesgebiet die privatwirtschaftliche Farmerei ein. Jede Farm ist durch Drahtzäune von der des Nachbarn getrennt. Sie bildet ein in sich abgeschlossenes Weidegebiet, das nur durch Tore betretbar und durch Zäune in weitere Kampe unterteilt ist. Durch künstliche Bohrlöcher, Brunnen oder Staudämme wird dieses Areal weidewirtschaftlich erschlossen.

Nördlich des Zentralmassives betreibt die Farmwirtschaft Großviehzucht. Mittelpunkt ist Otjiwarongo. Die für einen wirtschaftlich rentablen Farmbetrieb gemäße Größe sind 5000 ha, im besser beregneten Norden weniger. Die Fleischproduktion für die Lebendausfuhr von Schlachtvieh nach Südafrika ist der wichtigste Erwerbszweig. Im Nordosten ist zusätzlich Ackerbau bei Regenfall, Gemüseanbau bei künstlicher Bewässerung möglich.

Das Zentralmassiv, unter Einschluß der südlich angrenzenden Zone mit 400 bis 200 mm Regen, ist Mischgebiet von Rinder- und Schafzucht. Hierzu gehört auch das Rehobother Basterland, in dem vorwiegend Ziegen gehalten werden.

Je weiter südlich gelegen und je geringer der Regenfall, desto geeigneter wird das steinige Gelände für das Halten von Karakulschafen. Hier sind die Farmen, dem trockenen Gelände entsprechend, größer und umfassen 10000 ha und mehr. Mittelpunkt der großen Karakulzuchten sind Mariental, Maltahöhe und Keetmanshoop.

Auf Veranlassung des Gouverneurs von Lindequist und durch die Tatkraft der Fa. Thorer wurden die ersten Karakulschafe aus der Buchara 1908 in Deutsch-Südwestafrika eingeführt. Ihre wertvollen Fellchen sind als Swakara auf dem Weltmarkt bekannt. Sie werden in London versauktioniert und dort von Kürschnern aus aller Welt gekauft.

Ein wichtiger Wirtschaftsfaktor ist die Küsten- und Seefischerei. Hauptausgangspunkt hierfür sind die Häfen Walvisbay und Lüderitzbucht. Hier sind großangelegte Fischfabriken in Betrieb. In Lüderitzbucht werden vorzugsweise Langusten verarbeitet, während Walvisbay sich auf die Verarbeitung von Sardinen konzentriert. Langustenschwänze und Fischkonserven aus Südwester Gewässern werden in alle Welt exportiert. Leider ist der anfangs erwähnte Fischreichtum infolge von Überfischung, teilweise durch ausländische Fangflotten, stark zurückgegangen, so daß Maßnahmen wie begrenzte Quotierung und strengere Kontrolle zur Erhaltung der Fischgründe notwendig geworden sind.

Von nicht geringem wirtschaftlichen Wert sind die Salz- und die Guanogewinnung im Umkreis von Swakopmund. Letztere geschieht zum Teil von künstlich angelegten Inseln, auf denen die darauf ruhenden Vögel ihren Kot ablegen.

Am Kreuzkap, jenem bevorzugten Sammelpunkt der Bärenrobbe, wird saisonweise der Robbenschlag ausgeübt. Hier befindet sich jene historische Stelle, an der der portugiesische Seefahrer Diego Cao 1485 als erster Europäer südwestafrikanischen Strand betrat und dort ein Steinkreuz, ein sogenanntes Padro, errichtete.

Lüderitzbucht, nur Hafen im Küstenverkehr, war einst Zentrum des Diamantenabbaues. In den dreißiger Jahren hat die Stadt diese Stellung an Oranjemund abgeben müssen. Als das Land deutsche Kolonie war, hatten die Erträge des Diamantenbergbaues alle Verwaltungskosten des Schutzgebietes gedeckt. Auch heute stehen die Einnahmen aus der Diamantenwirtschaft an der Spitze.

Die weiteren Möglichkeiten des Bergbaues, die Frage nach dem Mineralreichtum SWA/Namibias sind noch offen. Augenblicklich konzentriert sich das Weltinteresse vorwiegend auf die ausgedehnten Uranvorkommen in der Namib. Das reichste Kupfervorkommen liegt bei Tsumeb. Die Eingeborenen nutzten es bereits in vorkolonialer Zeit. Unter deutscher Verwaltung wurde Kupfer von der OMEG abgebaut, in den dreißiger Jahren übernahmen dann die Amerikaner den Abbau. Weitere Mineralvorkommen sind Zink, Zinn, Blei, Germanium, Cadmium, Vanadium, Wolfram und andere mehr.

Lithium gab es bei Karibib, wo auch Marmor und Aragonit in größerem Maßstab verarbeitet wird.

Im vorliegenden Buch für Jäger und Jagdfreunde sollte aus der wirtschaftlichen Statistik des Landes eine Übersicht über den Wirtschaftsnutzen der Jagd nicht fehlen:

Wildfleischexport	R 1446565
Trophäenjagd	698800
von Farmern erlegtes Wild	885850
von Farmern verkauftes lebendes Wild	559730
vom Farmer oder Städter persönlich verbrauchtes Wildpret	1715190
vom Wildhändler örtlich verkauft	452765
	R 5758900

Die Jagdmöglichkeiten in SWA/Namibia tragen wesentlich zur Förderung des Tourismus bei. Viele Jäger, wie auch die meisten Touristen, besuchen den Etosha-Nationalpark mit seiner Ausdehnung von 22270 km^2, den Namib-Naukluft mit 22836 km^2 und die diversen kleineren Naturschutzgebiete.

Die Gesamtbevölkerung SWA/Namibias beträgt, wie bereits erwähnt, 852000 Menschen. Davon leben 364000 unterhalb der genannten roten Linie. Unter diesen sind die Weißen mit 99000 die stärkste Bevölkerungsgruppe. Von ihnen sprechen 65% Afrikaans, 23% Deutsch und 12% Englisch.

Die nichtweiße Bevölkerungsgruppe setzt sich aus Eingeborenen im eigentlichen Sinn und aus Mischlingen zusammen. Zu den Ureinwohnern zählen die Buschmänner. Ihr Lebensraum sind die Wüsten und Halbwüsten Südwests, deren harten klimatischen Bedingungen sie ihre Lebensweise vorzüglich angepaßt haben.

Das rätselhafte Volk der Damara ist im Habitus am negroidesten von den schwarzen Stämmen. Die Damaras hausten einst in den verborgenen Schluchten der Gebirgshorste. Sie wurden im Verlauf ihrer Geschichte von den anderen Stämmen so versklavt, daß sie ihre eigene Sprache verloren und heute die Sprache ihrer Unterdrücker sprechen: das Khoisan, für das die eigenartigen Schnalzlaute charakteristisch sind. Sie sind der volkreichste Stamm und wegen ihrer Arbeitswilligkeit und ihres handwerklichen Geschicks gesuchte Arbeitskräfte.

Die Hottentotten reichen mit ihren Namastämmen in die vorgeschichtliche Zeit zurück. Wegen der Vermischung mit Orlamstämmen und Buschmännern sind sie an ihren Stammeseigenheiten nur noch selten klar zu erkennen, sie werden statistisch als Namas geführt. Auf den Südfarmen sind sie, ihrer Tradition gemäß, als Kleinviehwächter am besten geeignet.

Die Tswanas sind ebenfalls Alteingesessene. Sie bilden die Reste ihrer Stämme, die von den Hereros nach ihrer Rückkehr aus dem Kaokoveld vertrieben wurden. Die Tswanas gehören zur Sprachgruppe der Bantus.

Der Herero ist auf den Nordfarmen als Großviehwächter geschätzt. Sein angeborener Stolz macht ihn zu einem schwierigen Partner. Aber wo Vertrauen gefaßt ist, zeigen sich die Vorzüge seines aristokratischen Wesens.

Die Basters sind Mischlinge weißer Kapländer mit Hottentottenfrauen. Sie sind aus der Notgemeinschaft in den Gefahren eines Grenzerlebens im Nordkapland entstanden. Bewußt fühlen sie sich als Volk. Ihre Sprache ist Afrikaans. 1870 wurden sie im Rehobother Gebiet angesiedelt, das ihr Eigentum ist und bis heute respektiert wird. Sie sind Farmer, Handwerker, Händler, drängen sich auch in die höheren Berufe.

Scharf von ihnen zu unterscheiden sind die sogenannten Coloureds, Mischlinge der verschiedensten Rassen, Völker und Stämme. Die meisten kommen aus Südafrika. Sie leben in den Farbigensiedlungen der Städte und sind in allen Berufen des Handwerks, Handels und in Büros tätig.

SWA/Namibia als Ganzes ist unlöslicher Teil des südlichen Afrikas. Es ist zu dem im Norden angrenzenden Schwarzafrika das westliche Tor in die Tropen durch die Kunene-Sambesi-Linie, die in Rhodesien endet.

Das südliche Afrika, dessen Randzonen im Westen, Osten und Süden das Kalaharibecken verbindet, bildet einen in sich zusammenhängenden Subkontinent, den konkurrierende europäische Macht- und Kolonialpolitik auseinandergerissen hat. Bei seiner Lage im südlichen Afrika hat SWA/

Namibia zwei Funktionen: in seiner Süd-Nord-Dehnung die Verbindung aus dem wasserbedürftigen ariden und semiariden Süden in die regenreichen Tropen, zum anderen durch seine Küstenlage Durchgangsland zwischen West und Ost, von Meer zu Meer, zu sein und damit zur Erschließung des Kalaharibeckens, d. h. Botswanas, beizutragen. Schon lange weisen die beiden toten Eisenbahnstümpfe bei Gobabis und Grootfontein in diese Richtung. Gerade in seiner Funktion als „Durchgangsland" liegen für SWA/Namibia wesentliche Entwicklungsmöglichkeiten seiner Wirtschaft, besonders für Handel und Verkehr.

Die Sān sind eine spezielle Volksgruppe, der die Buschleute und die alten Nama-Stämme angehören.
Es sind:

!Khū-Sān Buschmänner;	Nama-Sān,;	Kap-Sān (Hottentotten)	
//Khau-//esi	Naron	Xō	
Zhu- hoasi	Hai-//om	!Nu=//en	
!Ō-!Khū	Khawé	/Auni	
!Khu	Xwaga		
	Keren		
4	5	3	= 12 Stämme

mit diesen Zeichen: // , X, !N, !K, / werden die Schnalzlaute angedeutet.

Die Namib-Sān, die unter der Bezeichnung Topnaars am Namibrand leben, sind keine Jäger, sondern Sammler. Hauptsammelfrucht ist die melonenartige Nara-Frucht, die einmal jährlich geerntet und gehortet wird.

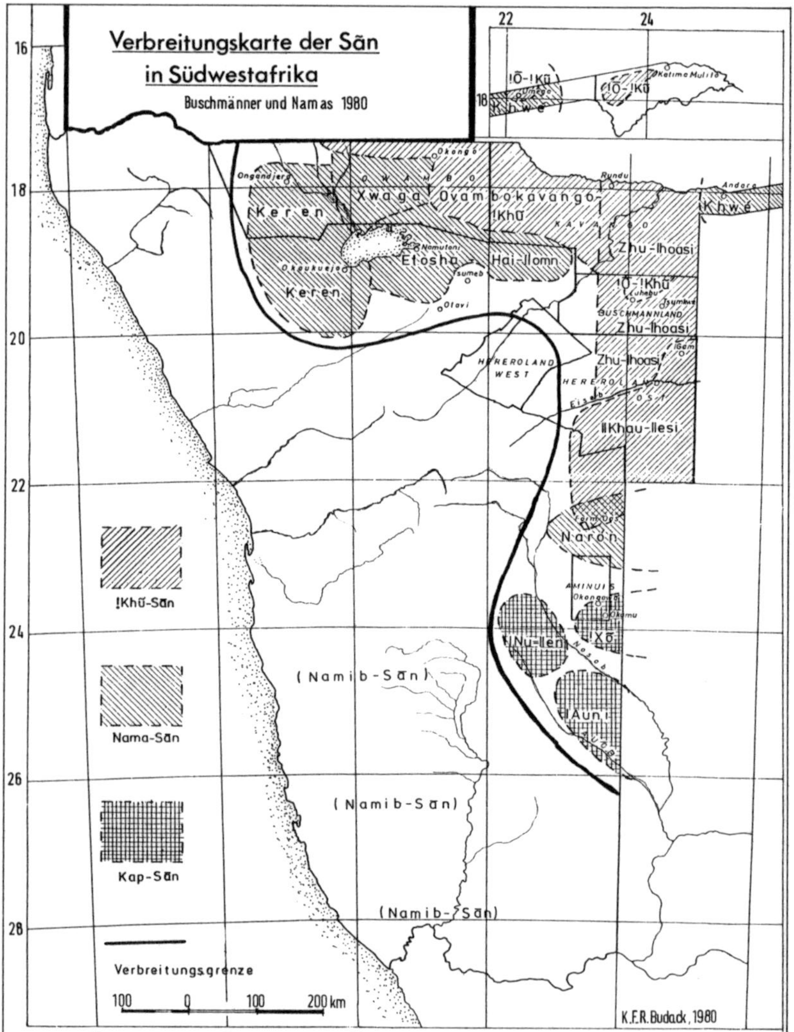

Verbreitungskarte der Sān
in Südwestafrika
Buschmänner und Namas 1980
!Khū-Sān
Nama-Sān
Kap-Sān
Verbreitungsgrenze
100 0 100 200 km
K.F.R. Budack, 1980
Keren
Xwaga
Ovambo-kavango-
!Khū
Etosha
Hai-llomn
Keren
Zhu-lhoasi
!Õ-!Khū
Zhu-lhoasi
Zhu-lhoasi
IIKhau-llesi
Naron
!Nu-llen
!Xõ
IIAuni
(Namib-Sān)
(Namib-Sān)
(Namib-Sān)
!Õ-!Kū
Khwe
Khwé
HEREROLAND WEST
HEREROLAND OST
BUSCHMANNLAND
KAVANGO
OWAMBO
AMINUIS
Rundu
Andara
Okakuejo
Otavi
Tsumeb
Namutoni
Ongandjera
Okongo
Katima Mulilo

Die Damaras, ein verschwundenes Jägervolk

Das Volk der Damaras zählt zu den Ureinwohnern Südwests. Sie waren wie die Buschmänner Jäger und Sammler, mit Hauptsitz in den Brandbergen.

Die Damaras wurden durch die Hereros und Namas teilweise vernichtet und versklavt. Diese Vernichtung war so vollständig, daß die Sprache der Damaras völlig verschwunden ist. Lediglich kleinen Resten dieses Volkes ist es gelungen, in die unzugängliche Bergwelt zu flüchten und sich zu verbergen. Sie waren jedoch zu verstreut, um ein festgefügtes Stammeswesen bilden zu können. Als geflüchtete Sklaven sprachen sie die Sprache ihrer Unterdrücker, das Namaqua. Seit Generationen unterdrückt, waren sie außerstande, ein eigenes Sozialsystem zu entwickeln.

Dr. H. Vedder gibt in einem Bericht von 1928 elf verschiedene Stämme der Bergdamaras an:

1. /gowanin	zwischen Rehoboth und Hoachanas
2. Tsoa-you-daman	im Swakoptal
3. !oe-gan	im Erongo
4. //omen	am Waterberg und Omaruruﬂuß
5. Aro-daman	Waterberg
6. Animin *	um Okahandja
7. Oumin *	östlich des Waterberges
8. /geo-daman	um Outjo
9. Aobe-//gain	im Omaruruveld
10. Dauna-daman	Brandberge
11. Ao-guwun	Zesfontein im Kaokoveld

Was hierbei sogleich auffällt ist, daß neun der angeführten Stammesnamen der Nama-Sprache entstammen und nur zwei dem Otji-Herero entnommen sind. Das läßt erkennen, daß die Hereros die Namas eher ausgerottet als versklavt haben.

* Otji-Herero

Liste der streng geschützten, geschützten und jagdbaren Wildarten

Amtsblatt für Südwestafrika vom 20. 6. 75, No. 3469

Streng geschütztes Wild

Bergzebra, *Equus zebra*
Elefant, *Loxodonta africana*
Flußpferd, *Hippopotamus amphibius*
Giraffe, *Giraffa camelopardalis*
Klippspringer, *Oreotragus oreotragus*
Schwarzfersen-Antilope oder Impala, *Aepyceros melampus melampus*
Schwarznasenimpala, *Aepyceros melampus petersi*
Spitzmaulnashorn, *Diceros bicornis*

Geschütztes Wild

Buschbaby, *Galago senegalensis*
Eland, Elenantilope, *Taurotragos oryx*
Erdferkel, *Orycteropus afer*
Erdwolf, *Proteles cristatus*
Gepard, *Acinonyx jubatus*
Greisbock, *Raphizerus sharpei*
Halbmondantilope oder Sasseby, *Damaliscus lunatus*
Honigdachs, *Mellivora capensis*
Igel, *Erinaceus frontalis*
Isabellenantilope oder Großriedbock, *Redunca arundinum*
Kapfuchs, *Vulpes chama*
Krallenotter, *Lutra maculicollis*
Krokodil, *Crocodylus niloticus*
Kronenducker, *Sylvicapra grimmia*
Lechwe, *Kobus leche*
Leopard, *Panthera pardus*
Löffelhund, *Otocyon megalotis*
Pferdeantilope, Roan, *Hippotragus equinus*
Puku, *Kobus vardoni*
Rappenantilope, *Hippotragus niger*

Schirrantilope, *Tragelaphus scriptus*
Schuppentier, *Manis temmincki*
Steppenzebra, *Equus burchelli*
Steinböckchen, *Rhaphicerus campestris*
Streifengnu, *Gorgon taurinus*
Südafrikanische Kuhantilope, Hartebeest, *Alcelaphus buselaphus*
Sumpfbock, Sitatunga, *Tragelaphus spekei*
Wasserbock, *Kobus ellipsiprymnus*
Weißwangenotter, *Aonyx capensis*
Zwerg-Rüsselantilope, *Rhynchotragus kirki*

Zu den geschützten Tieren gehören ferner, Felsenpython, *Python sebae;* Landschildkröten, Familie Testudinidae; Waran, *Varanus niloticus.*

Geschützt sind sämtliche Vögel mit Ausnahme des als jagdbar erklärten Flugwildes und folgende Vögel: Gabanis-Weber, Sperlinge, Mausvogel, Blutschnabelweber, Tiptol, Schildrabe.

Jagdbares Wild

Flußschwein, *Potamochoerus porcus*
Großer Kudu, *Tragelaphus strepsiceros*
Kaffernbüffel, *Syncerus caffer*
Springbock, *Antidorcas marsupialis*
Südafrikanischer Spießbock, *Oryx gazella*
Warzenschwein, *Phacochoerus aethiopicus*

Jagdbares Flugwild

Helm Perlhuhn, *Numida meleagris*
Frankoline, Phasianidae
Flughühner, Pteroclidae
Tauben, Columbiden
Wachteln, Corunices
Wildenten, Wildgänse, Anatidae

Geschütztes Flugwild

Zwerggans, *Nettabus auritus*
Höckerente, *Sarcidiornis melanotus*
Sporengans, *Plectropterus gambensis*

Vögel

geschützt sind alle Vögel mit Ausnahme von:
Gelbfinken
Spatzen, *Passer*
Mausvögel, *Colius colius*
Rotschnabelfinken, *Quelea quelea*
Bülbül, *Pycnotus nigricans*
Schildrabe, *Corvus albus*

Geschützt sind alle Tag- und Nachtgreife und alle Seevögel

Jagdbare und geschützte Wildarten

Die Zeiten, in denen sich das Wild dem Reisenden und dem Jäger in oft unermeßlicher Zahl darbot, sind vorbei. Der Wildreichtum, von dem die alten Pioniere noch heute erzählen, dem manch alter Südwester nachtrauert, ist ein Opfer der bewegten Geschichte Südwestafrikas/Namibias geworden. Die zwei Epochen der Nachkriegsjahre beider Weltkriege mit Gesetz- und Zügellosigkeit haben dem Wildbestand schweren Schaden zugefügt. Die Zeiten brachten anomale Zustände mit sich, in denen jagdliche Vorschriften außer acht gelassen wurden. Bis zur Wiederherstellung einer normalen Ordnung war einem hemmungslosen Schießertum keine Grenze gesetzt.

Daneben verursachte die fortschreitende Besiedlung des Landes, gekoppelt mit einer zunehmenden Intensivierung der Farmwirtschaft, eine Abwanderung des Wildes aus seinen ursprünglichen Standorten. Die einst weitläufigen, nur teilweise umzäunten Farmkomplexe mit extensiver Bewirtschaftung, die zwischen sich noch genügend Freiland offenließen, haben heute einem engen Netz von fest umzäunten Farmen mit zahlreichen Kampen Platz gemacht, das geschlossen das ganze Land überzieht. Das führte ebenfalls zu einer Verdrängung des Wildes.

Vor allem waren es diejenigen Wildarten, die für ihre Existenz große weite Flächen benötigten mit unbehinderter Bewegungsmöglichkeit, die vorrangig zurückweichen mußten. Erst am Rande des besiedelten Gebietes fanden sie wieder Zuflucht. So kommt es, daß heute das schwere Großwild, die Dickhäuter und die großen Raubkatzen, fast nur noch in den nördlichen Randgebieten des besiedelten Farmlandes anzutreffen sind.

Trotzdem ist das südwester Farmland keineswegs wildleer. Überall, wo kleine Reste von Wild zurückblieben, bildeten sie den Grundstock für einen neuen Bestand, sofern sich die Tiere den veränderten Umständen anpassen konnten. Es ist auch gelungen, einen normalen Wildbestand heranzuhegen, so daß das Farmland wieder über größere und kleinere Bestände an Antilopen und Kleinwild verfügt, die dem Gastjäger Möglichkeiten für jagdliche Freuden bieten.

Daß dies erreicht werden konnte, ist wohl der Privatinitiative interessierter Einzelpersonen, wie auch dem Verein S.W.A. Jäger zu verdanken, der seit seiner Gründung im Jahre 1930 Hege und Wildschutz zu seiner vornehmsten Aufgabe gemacht hat.

Die Administration, die ein hohes Interesse am Schutz der Wildbestände hat, läßt dankenswerterweise diesen Bestrebungen weitgehende Unterstützung angedeihen. In enger Zusammenarbeit mit dem Jägerverein hat die Administration ein großzügiges Programm entwickelt, das durch Hege und Wiederaufbau der vorhandenen Wildbestände dem Touristen und dem Gastjäger den Anblick vieler Wildarten ermöglicht.

Eines aber sei vorausgesagt: wie auch in Europa können wir in Südwest das Wild für den Gastjäger nicht „anbinden"! Es gelten hier die gleichen Voraussetzungen für den Erfolg der Jagd, wie anderswo: gute Augen, Pirschvermögen, Geduld beim Ansitz und – Glück. Die Regeln der Waidgerechtigkeit sind auch hier selbstverständlich.

Afrikanischer Elefant *Loxodonta africana*

Engl.: Elephant; Afrik.: Olifant; Herero: Ondjou; Ovambo: Ondjamba

Das schwerste Wild, das dem Gastjäger begegnen kann, ist der Elefant. Von allen Wildarten ist er die individuellste. Jeder Elefant ist eine absolute Persönlichkeit für sich, auch wenn er sich im Verband befindet. Der afrikanische Elefant trägt, im Gegensatz zu seinem indischen Vetter, stets Elfenbein, das auch stärker ist. Jedoch erreicht das Elfenbein unserer hiesigen Kaokoveld-Elefanten niemals die Länge und das Gewicht der rhodesischen oder zentralafrikanischen Elefanten. Die Zähne sind häufig beschädigt oder abgebrochen.

Elefanten schließen sich zu Sippenverbänden zusammen, die stets von einer alten Kuh angeführt werden. Diese Verbände halten fest zusammen und vermischen sich nur ungern mit anderen. Trotz dieser Sippentrennung begegnen sich solche Verbände nicht unfreundlich. Es kommt vor, daß sie sich unter gewissen Umständen zusammentun und zeitweise zusammenleben (z. B. in einer Trockenzeit), und sich später wieder trennen.

Eine Elefantenkuh bekommt höchstens jedes vierte Jahr ein Kalb. Die Tragzeit beträgt etwa 22 Monate. Das Kalb wird in einem einsamen

Versteck geworfen, die erste Zeit sorgfältig verborgen, wofür die Kuh eine Kuhle scharrt, in die das Kalb abgelegt und mit Zweigen und Erde bedeckt wird. Erst nach einigen Wochen, wenn das Kalb kräftig genug ist, wird es von der Mutter mitgenommen und der Herde zugeführt. Dort genießt es den Schutz der ganzen Herde. Das Kalb wird meist einer jungen Elefantenkuh, dem sogenannten „Kindermädchen", übergeben, die es hütet und führt. Nur zum Säugen geht es zu seiner Mutter. Elefanten besitzen ein äußerst schwaches Sehvermögen. Sie können nicht plastisch sehen, ähnlich wie das Pferd. Dafür sind Gehör- und Geruchssinn um so ausgeprägter. Die riesigen Teller (Ohren) wirken wie Schalltrichter. Der Rüssel ist die verlängerte Oberlippe und ungemein beweglich und elastisch. Er kann über ein Drittel seiner gewöhnlichen Länge ausgestreckt werden. Das feine dort vorhandene System von Nervensträngen hat aus ihm ein einmaliges Tastorgan entwickelt. Der Kaokoveld-Elefant zeigt an der Rüsselspitze zwei gegenüber stehende Finger. Der große sitzt oben, der kleine unten. Damit können die kleinsten Gegenstände und Krümel aufgenommen werden.

Die Äsung besteht hauptsächlich aus Laub, Buschwerk und auch Gräsern. Die Losung gleicht überdimensionalen Pferdeäpfeln.

Bei einer Begegnung mit Elefanten ist sehr genau auf den Wind zu achten. Allgemein weicht der Elefant dem Menschen aus. Bei unerwartetem Zusammentreffen, wenn die Fluchtdistanz unterschritten ist, kann er jedoch annehmen und ist dabei unerwartet schnell. Vor einem annehmenden Elefant soll man versuchen, schnell aus dem Wind zu kommen. Dabei läßt man irgendeinen Gegenstand, wie Jacke, Hut oder Taschentuch fallen. Der Elefant wird dadurch veranlaßt, stehen zu bleiben und seine Wut an dem nach Mensch riechenden Fundstück auszulassen.

Das Verbreitungsgebiet des Elefanten ist das Kaokoveld, die Randgebiete der Flüsse Kunene und Okawango bis in den Caprivi-Zipfel. In dem Gebiet um Kamanjab herum bis hinein in das Damaraland tauchen ab und zu kleinere Herden und Einzelgänger auf.

Die schwarze Damararegierung gibt Abschüsse an Trophäenjäger frei. Im übrigen Land ist der Elefant streng geschützt.

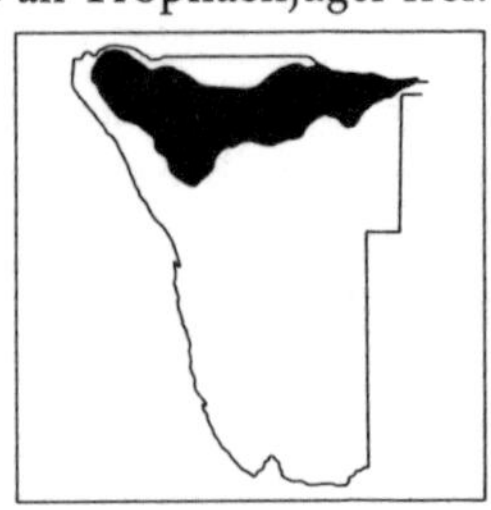

Gewicht:	Bullen ∅ 4–7 t
	Kühe ∅ 3–4 t
Schulterhöhe:	Bullen 3,00–3,20 m
Tragzeit:	22 Monate, ein Kalb
Lebenserwartung:	50–60 Jahre

Streng geschützt.

Spitzmaulnashorn oder Schwarzes Nashorn
Diceros bicornis

Engl.: Black Rhino; Afrik.: Swartrenoster; Herero: Ongava; Ovambo: Ominda

Südwest beherbergt nur das Spitzmaulnashorn oder auch, auf einer falschen Beobachtung beruhend, das Schwarze Nashorn. Es ist gewöhnlich Einzelgänger und höchstens als Familie bis zu drei Köpfen anzutreffen. Der Bulle gesellt sich nur während der Brunft zur Kuh.

Nashörner sind anderen Tieren gegenüber höchst unverträglich, selbst eigenen Artgenossen gegenüber. Als Waffen gelten zwei Hörner auf dem Nasenrücken, von denen das vordere beachtliche Länge erreichen kann. Das Horn besteht aus einer Zusammenballung von Haaren und kann im Verlustfalle wieder nachwachsen. Geäst werden Laub, Buschzweige und trockene Holzstückchen. Das Sehvermögen des Nashorns ist überaus schwach. Dafür sind Gehör- und Geruchssinn um so stärker ausgeprägt. Ein ausgeprägter Orientierungssinn gestattet ihm mit fast schlafwandlerischer Sicherheit jeden gewünschten Ort aufzusuchen, bzw. wiederzufinden.

Auf Grund seines unvollkommenen Gesichtssinnes ist das Nashorn entsprechend mißtrauisch und schreckhaft. Veranlaßt durch irgendein ihm fremdes Geräusch stürmt es blindlings los, um die Ursache der Störung festzustellen. Dieses Anstürmen bedeutet aber noch lange nicht ein Annehmen. Im Grunde ist das Nashorn furchtsam und flüchtet schnell. Beim Annehmen bleibt es kein hartnäckiger Verfolger, wie der Elefant. Es behält eine Richtung bei und stürmt dahin, wie eine D-Zuglokomotive.

Nach einer Tragzeit von rund 17 Monaten wird ein Kalb geworfen, das bald nach der Geburt der Mutter folgt und von ihr sorgfältig behütet wird. Zwillingskälber wurden schon beobachtet, sind aber äußerst selten.

Einst über ganz Südwest verbreitet, bleibt das heutige Verbreitungsgebiet auf das nordwestliche Kaokoveld bis zum Kunene beschränkt. Einige wenige Paare bevölkern noch das heutige Damaraland und die dortige schwarze Regierung läßt Abschüsse zu.

In der Etoshapfanne war es nicht beheimatet, jedoch sind in den letzten Jahren einige Exemplare in der Kamanjabgegend gefangen und dorthin umgesiedelt worden.

Gewicht:	1–1,5 t
Schulterhöhe:	1,5–1,60 m
Länge:	ca. 3 m
Tragzeit:	17–18 Monate, 1 Kalb
Lebenserwartung:	40 Jahre

Streng geschützt.

Flußpferd *Hippopotamus amphibius*

Engl.: Hippo; Afrik.: Seekoei; Ovambo: Ongombe Omeva; den Hereros unbekannt

Der Tourist wird dieses Wild kaum zu sehen bekommen. Nur wer zum Kunene oder Okawango fährt, hat die Chance, ihm zu begegnen.

Flußpferde trifft man tagsüber im oder nahe am Wasser an. Sie sind ausgesprochene Nachttiere, die nur nachts zur Äsung an Land kommen. Tagsüber weiden sie regelrecht auf dem Grund der Flüsse.

Die Fährte zeigt vier Zehen. Es werden feste Wechsel eingehalten, an denen die Losung oft bis hoch in die Baumzweige versprüht ist. Das Flußpferd löst sich im Ziehen, wobei der Wedel kreiselförmig herumwirbelt. Dabei wird die dünnflüssige Losung wie ein Sprühregen verteilt.

Äsung bilden Gräser und ein Wasserkraut, das auf dem Boden des Flusses wächst. Durch das höhere spezifische Gewicht als das Wasser ist

das Flußpferd befähigt, auf dem Grunde des Flusses zu ziehen und zu äsen. Das Tauchvermögen beträgt 2 Minuten, kann aber bis zu 6 Minuten ausgedehnt werden. Geruchsinn gut, Gesichtssinn mäßig bis schwach.

Gewicht:	2–3 t
Schulterhöhe:	1,45–1,60 m
Tragzeit:	7½ Monate, 1 Kalb
Lebenserwartung:	40 Jahre

Streng geschützt.

Steppenzebra *Equus burchelli*

Engl.: Burchell's Zebra; Afrik.: Bontkwagga; Herero: Ongoro ondangama; Ovambo: Ongoro shiwaradi

Das Steppenzebra ist die größere und schwerere Art der Zebras. Es lebt gesellig, die Familienverbände schließen sich gerne zu großen Herden zusammen. Am Wasser gesellen sie sich zu anderen Wildarten. Man trifft sie häufig in Gesellschaft von Gnus, Giraffen oder Straußen. Sie sind von lebhaftem Temperament, dabei äußerst aufmerksam und scheu. Die Führung hat gewöhnlich ein älterer Leithengst, dem sich alle Tiere der Herde unterordnen. Er führt sie sicher zur Wasserstelle, der er sich, dauernd und lange sichernd, mit wiederholtem Scheinmanöver nähert.

Die Zeichnung des Steppenzebras ist ein milchiges Weiß mit breiten schwarzen Streifen, die durchgehend um den Bauch herumführen. In dem breiten weißen Feld zwischen den dunklen Streifen befindet sich je ein Schattenstrich, der cremefarben bis beige gefärbt sein kann. Vorder- und Hinterläufe sind zu dreiviertel Länge ungestreift hell.

Das Verbreitungsgebiet liegt im Norden, meist außerhalb des besiedelten Gebietes. Unvorstellbare Mengen bevölkern die Etoshapfanne. Weitere Vorkommen sind nur auf einigen angrenzenden Farmen zu finden.

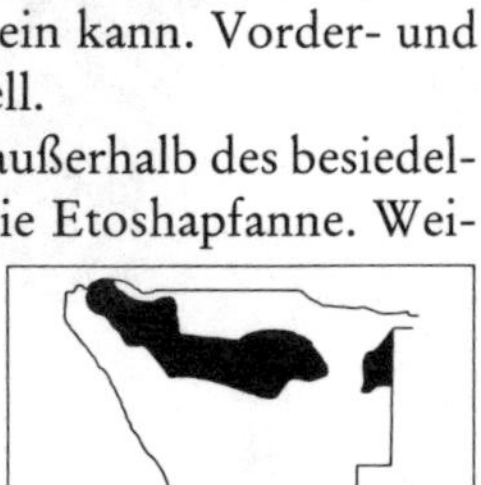

Gewicht:	225–320 kg
Schulterhöhe:	1,30–1,40 m
Tragzeit:	12 Monate, 1 Fohlen
Lebenserwartung:	35 Jahre

Geschützt.

Steppenzebra

Bergzebra

Bergzebra *Equus zebra*

Engl.: Mountain Zebra; Afrik.: Bergsebra; Herero: Ongoro Hambarundu; Ovambo: Ongoro shiwaradi

Das Bergzebra ist kürzer und gedrungener als das Steppenzebra. Es lebt ebenfalls gesellig. Doch durch seine an die Berge gebundene Lebensweise kommt es hier nicht zu so großen Herdenbildungen wie beim Steppenzebra. Im Gegensatz zu diesem bildet es ausgesprochene Sippenverbände. Auch beim Bergzebra führt der Leithengst die Herde. Er benimmt sich noch scheuer und vorsichtiger als der Steppenzebra-Hengst. Führt er die Herde zum Wasser, so geht er weit voraus, führt er sie vom Wasser ins Gelände, so zieht er hinter dem Rudel her, um den Rückzug zu decken.

Die Zeichnung ist ein recht reines Weiß mit lebhafter, enger schwarzer Streifung, die auf Kruppe und Schwanzwurzel ein gitterartiges Muster ergibt. Die Streifen ziehen sich nur bis zur Hälfte der Bauchseite herab, so daß die Unterseite weiß bleibt. Die Läufe sind bis fast zu den Hufen gestreift, die Fessel über dem Huf ist schwarz. Am Hals tritt eine kleine Halswamme hervor, die beim Hengst besonders deutlich ausgebildet ist.

Die Decke beider Zebraarten ist eine schöne Trophäe als Wandbehang oder Bodenbelag. Wegen der in ihr enthaltenen Hornschicht läßt sie sich nie ganz weich gerben.

Das Verbreitungsgebiet der Bergzebras ist heute auf verschiedene Enklaven beschränkt. Hauptvorkommen sind das nord-westliche Kaokoveld, die Berggebiete des Damaralandes, das Zentral- und Westgebiet des Khomashochlandes, die Gebirge um die Naukluft und schließlich weit im Süden die schroffen Wände des Fischflusses.

Gewicht:	250–270 kg
Schulterhöhe:	1,20–1,30 m
Tragzeit:	12 Monate, 1 Fohlen
Lebenserwartung:	35 Jahre

Streng geschützt. Darf vom Farmer nur mit Sonderpermit gejagt werden. Gastjäger bekommen den Abschuß von einem Stück frei.

Fluß-, Busch- oder Pinselohrschwein
Potamochoerus porcus

Engl.: Bush Pig; Afrik.: Bosvark; Ovambo: Oshingulu; den Hereros unbekannt.

Das Buschschwein entspricht in der Größe etwa dem europäischen Schwarzwild. Die Farbe ist rötlich-braun, an den Spitzen der Teller befinden sich pinselartige Haarbüschel. Es bevorzugt dichten Busch und bewaldetes Gelände. Es kesselt sich zu Rotten zusammen, deren Stärke zwischen 6 bis 20 Stück schwankt. Ein alter Keiler beherrscht gewöhnlich die Rotte, die jedoch von einer erfahrenen Bache angeführt wird.

Buschschweine sind Nachttiere, die eifrig nach Insektenlarven, Mäusenestern und Knollenpflanzen brechen; sie verschmähen aber auch kein Aas.

Buschschweine sind äußerst aggressiv und nehmen auch, ohne bejagt zu werden, an. Der Geruchssinn ist sehr gut entwickelt, das Gehör außerordentlich fein, der Gesichtssinn ausgesprochen schlecht.

Das Verbreitungsgebiet erstreckt sich auf die Umgebung der Flüsse und Sümpfe an der Nordgrenze, also Kunene und Okawango, besonders im Caprivi-Zipfel.

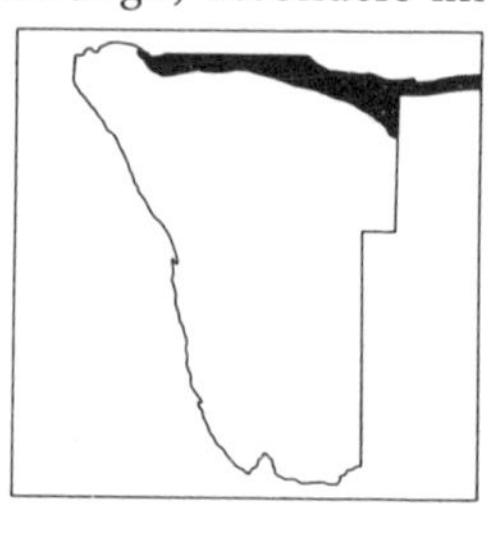

Gewicht:	55–80 kg
Schulterhöhe:	62–65 cm
Tragzeit:	3½ Monate, 2-7 Frischlinge
Lebenserwartung:	13 Jahre

Jagdbar.

Warzenschwein *Phacochoerus aethiopicus*

Engl.: Warthog; Afrik.: Vlakvark; Herero: Ombinda; Ovambo: Oshingulu

Das Warzenschwein ist bedeutend kleiner als das europäische Schwarzwild, wirkt aber recht klotzig wegen seiner stark überbauten Körperform. Auf einem verhältnismäßig kleinen Körper sitzt ein riesiger, unproportionierter Schädel mit auffallend breitem Gebräch. Die Teller stehen tütenförmig empor, während die sehr kurzsichtigen Lichter fast ganz in dem ungeheuren Schädel verschwinden. Als Abschreckungsmaskierung ragen rechts und links mehrere pfropfenförmige Warzen aus dem Schädel, die beim Keiler besonders stark ausgeprägt sind. Sie geben dem Tier ein furchterregendes Aussehen. Die Waffen, die von beiden Geschlechtern in erheblicher Stärke getragen werden, zeigen das genau umgekehrte Stärkeverhältnis als beim europäischen Schwarzwild und anderen Wildschweinarten. Beim Warzenschwein sind die Haderer, die im Oberkiefer sitzen, von ungeheurer Stärke und ragen weit und drohend über das Gebräch hinaus. Sie sind in erster Linie Werkzeuge zum Graben und Wühlen.

Deswegen sind die Enden rund und stumpf. Der eine Haderer, gewöhnlich der Rechte, ist stärker abgenützt und daher kürzer als sein Gegenpart. Die Gewehre im Unterkiefer bilden die eigentliche Waffe. Sie sind messerscharf und nadelspitz. Sie machen das Warzenschwein zu einem äußerst wehrhaften Wild. Das Warzenschwein nimmt jedoch nur an, wenn es angeschossen im Wundbett sitzt, oder wenn es in die Enge getrieben wird. Die Bache verteidigt ihre Frischlinge mit wütender Vehemenz.

Für den Viehfarmer ist das Warzenschwein ein recht nützliches Wild im Farmland. Es vertilgt Unmengen von Heuschrecken mit Brut, Engerlinge, Schmetterlingspuppen, Mäuse, Ratten und viele andere Schädlinge. Daneben besteht der Hauptfraß aus allen möglichen Knollen, Pilzen und Bodenfrüchten. Aber auch Aas wird angenommen. In den Maisäckern und Gartenanlagen können sie jedoch erheblichen Schaden anrichten. Gehör und Wittrung sind stark ausgeprägt, das Gesicht jedoch sehr schwach.

Warzenschweine sind ausgesprochene Tagtiere, die nur tagsüber unterwegs sind. Sie sind an Wasser gebunden und kommen nur da vor, wo ihnen offenes Wasser zur Verfügung steht. Bevorzugt werden Dämme, auch leckende Viehtränken mit Gelegenheit zum Suhlen. Dort erscheinen sie so um 10 Uhr vormittags bis gegen Mittag und dann wieder ab 4 Uhr, bis die Sonne sinkt. Mit einsetzender Dunkelheit suchen sie ihre Schlupfwinkel auf, die sie vorzugsweise in alten Erdschweinbauten finden. Dort drehen sie sich blitzschnell um und fahren rückwärts ein, so daß der Kopf abschreckend den Eingang blockiert.

Das Verbreitungsgebiet erstreckt sich hauptsächlich nördlich ab Rehoboth, wobei die größte Bestandsstärke an Warzenschweinen zwischen Okahandja und Otjiwarongo zu finden ist.

Gewicht:	Keiler 60–80 kg
	Bache 50–70 kg
Schulterhöhe:	65–75 cm
Länge:	1,10–1,20 m
Tragzeit:	118–122 Tage,
	4–8 Frischlinge
Lebenserwartung:	15 Jahre

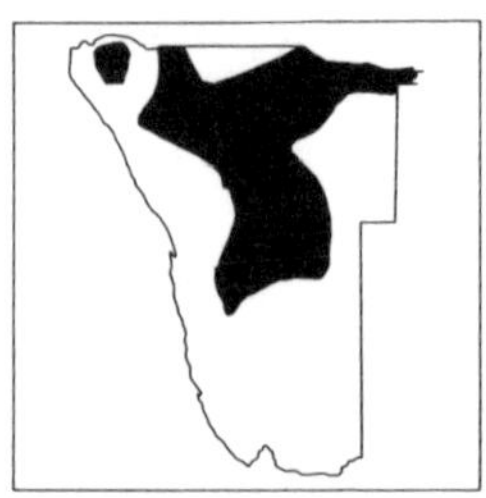

Jagdbar.

Giraffe *Giraffa camelopardalis*

Engl.: Giraffe; Afrik.: Kameelperd; Herero: Ombahi; Ovambo: Onduli

In Südwest ist eine Unterart der Giraffe beheimatet *(angolensis wardi)* mit einer deutlich netzartigen Fleckung.

Giraffen sind Baumäser und haben einen dafür zweckmäßigen Körperbau entwickelt, der es ihnen gestattet, bis in die höchsten Spitzen unserer heimischen Dornakazien zu gelangen. Vorderläufe und Hals sind von der Natur so proportioniert, daß eine Giraffe sowohl die Baumspitzen als auch zum Schöpfen den Boden erreicht, wobei die Vorderläufe gespreizt werden. Ein verhältnismäßig kleiner Kopf sitzt auf einem langen Hals. Die Lichter sind groß und können weit äugen. Gehör- und Geruchssinn sind gut ausgebildet, was einen erheblichen Schutz gegen den größten Feind, den Löwen, darstellt. Die lange blaue Zunge ist ungemein beweglich und wird beim Äsen um den betreffenden Dornzweig gerollt, dann werden mit einem Ruck die Blätter vom Ast gestreift. Die Dornen können der harten Zunge und der noch härteren Ober- und Unterlippe nichts anhaben.

Der Gang ist zeitlupenartig, der Galopp schaukelnd. Dabei ist die langsam scheinende Fortbewegung derart raumgreifend, daß es nahezu unmöglich ist, eine Giraffe zu Pferde einzuholen. Lautäußerungen sind ein kaum wahrnehmbares Brummen und Schnauben. Das Kalb wird im Stehen gesetzt. Schon nach kurzer Zeit kann das frisch geborene Kalb auf seinen schwankenden Läufen stehen und folgt bald der Mutter. Schutz sucht es stets unter dem Bauch der Mutter.

Gewicht:	1–1,2 t
Schulterhöhe:	ca. 3,50 m
Gesamthöhe:	5,00–5,50 m
Tragzeit:	14–15 Monate, 1 Kalb, Zwillingsgeburten kommen vor
Lebenserwartung:	28 Jahre

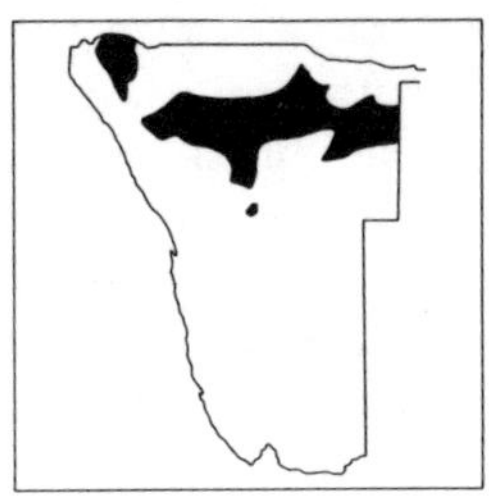

Streng geschützt.

Kaffernbüffel *Syncerus caffer*

Engl.: African Buffalo; Afrik.: Buffel; Herero: Onjati; Ovambo: Njashi

Der Kaffernbüffel kommt in Südwest nur noch in den nördlichsten Randgebieten vor. Der Jäger wird kaum Gelegenheit haben, dieses Wild hier vor die Büchse zu bekommen. Büffel leben in großen Rudeln, die stets von einer führenden Kuh angeführt werden. Sie sind äußerst scheu und mißtrauisch. Der geringste Hauch fremdartiger Wittrung, das kleinste Geräusch veranlassen das Rudel zur Flucht.

Der Büffel windet, vernimmt und äugt äußerst gut. Er ist das am schwersten zu bejagende Wild. Er darf nur mit genügend schwerem Kaliber und genügend starker Ladung beschossen werden. Der sicherste Schuß ist stets der Blattschuß. Steht der Büffel spitz von vorne und sichert nach seinem Gegner hin, gilt der Schuss auf den Stich. Beim Blattschuß und auch beim Schuß auf den Stich wird der Büffel in den seltensten Fällen im Feuer liegen.

Bei ihm handelt es sich um das wehrhafteste Wild, das es gibt. Er nimmt bei jeder Gelegenheit mit Heftigkeit an. Von Kopfschüssen ist dringend abzuraten, denn die tödliche Stelle ist dort sehr klein. Ein Treffer auf Helm oder Nasenbein bleibt völlig wirkungslos, doch ist der Kopfschuß auf einen annehmenden Büffel als Stopper durchaus angebracht.

Das Gehörn des Büffels gilt als eine der begehrenswertesten Trophäen für den Großwildjäger. Der schwere Mittelteil wird als Helm bezeichnet. Die Äsung des Büffels bildet in der Hauptsache Gras. Er ist an Wasser gebunden und liebt es, sich im Morast zu suhlen.

Das Verbreitungsgebiet beschränkt sich auf das nördlichste Kaokoveld und den Caprivi-Zipfel entlang des Okawango.

Gewicht:	700–800 kg
Schulterhöhe:	bis 1,50 m
Tragzeit:	11 Monate, ein Kalb
Lebenserwartung:	20 Jahre

Jagdbar.

Antilopen

In Südwest kommen rund 20 verschiedene Antilopenarten vor. Die Antilopen sind alle mit gleich guten Sinnesorganen ausgestattet. Das Wittrungsvermögen ist bei allen sehr gut, desgleichen äugen sie sehr scharf. Auf Geräusche reagieren sie nicht so sehr empfindlich.

Bei einigen Antilopen tragen nur die männlichen Stücke ein Gehörn. Die selteneren Wildarten, die nur noch in den nördlichen Regionen und im Caprivi-Zipfel leben, sind bis heute alle geschützt. Es sind dies: der Riedbock, der Ellipsenwasserbock, die Litschi-Moorantilope oder Lechwe, der Sitatunga, die Schirrantilope, die Pferdeantilope oder Roan, die Rappenantilope, die Schwarznasenimpala und das Bleichböckchen.

Bei diesen Arten tragen nur bei Rappen- und Pferdeantilopen auch die weiblichen Stücke ein Gehörn, das entsprechend schwächer ist.

Großer Kudu *Tragelaphus strepsiceros*

Engl.: Southern Kudu; Afrik.: Koedoe; Herero: Ohorongo; Ovambo: Okolongo

Von allen Antilopenarten wird der Gastjäger am sichersten dem Kudu begegnen. Der Kudu erinnert in seinen Lebensgewohnheiten und auch im Aussehen stark an das europäische Rotwild. Nur der Bulle trägt ein Gehörn. Das Kahlwild rudelt sich unter Führung eines Alttieres mit Kalb zusammen. In der Brunft treten die Bullen zum Rudel. Die starken Bullen behaupten den Platz, die Beibullen werden abgeschlagen.

In der Feistzeit trifft man die Bullen als geschlossene „Altherrenklubs" an, während nur die Schneider beim Rudel bleiben. Der Kudu hat eine graubraune Färbung, die bei jüngeren Tieren rötlich ist. Über den Rücken verteilt sind sahnefarbene Streifen, die die Stücke im Spiel des Sonnenlichtes mit der Umgebung verschwimmen lassen. Die Lauscher sind groß, weit offen, innen fein geädert. Beim Sichern werden sie steil hochgestellt. Zwischen den Lichtern befindet sich ein hellweißer Winkel, der beim Bullen besonders ausgeprägt ist. Der Hals ist massig und trägt beim Bullen eine deutliche Mähne. Vom Kinn bis zum Brustkern zieht sich ein herabhängender Bart hin. Der Rücken zeigt einen hohen Widerrist, auf dem die Haare kammartig hochstehen.

Das Gehörn des Bullen ist schraubenartig gedreht und hat meist eine starke Auslage. Die klassische Form bildet ein gleichseitiges Dreieck. Es ist wohl die edelste Trophäe, die ein Jäger hier erbeuten kann.

Die jungen Bullen beginnen als Spießer und schieben im Laufe der Jahre das Gehörn immer länger und höher hinauf. Ihr Gehörn ist noch dünn und hat lange, helle Spitzen. Mit zunehmendem Alter dunkelt das Gehörn, die Faltung an der Basis mehrt sich, die Spitzen werden am Ende auch dunkler und abgestumpfter durch den vielen Gebrauch des Gehörns beim Schlagen im Buschwerk und beim Wimpelschlagen am Boden.

Der alte Bulle bekommt eine dunkelgraue, oft nahezu blauschwarze Färbung. Hals und Wamme treten stark hervor, langsam und gewichtig ist das schreitende Wechseln. Ganz alte Bullen ziehen gewöhnlich alleine umher. Sie sind von den stärkeren, aber noch jüngeren Bullen abgeschlagen. Die Alleingänger ergeben die abschußreifen Trophäen.

Der Kudu ist ein Laubäser. Das Verbreitungsgebiet liegt von der Mitte des Landes ab bis hinauf in den hohen Norden. Der Kudu hält sich überwiegend in den Bergen und im dichten Busch auf. Morgens wechseln die Kudus von den Bergen herab an den Rand des bergigen Geländes. In den heißen Tagesstunden stehen sie unbeweglich im Schatten der Dornakazien und dösen. Am späten Nachmittag ziehen sie dann zu den Revierrändern, wo sie mit Vorliebe Kameldornschoten äsen. Zwischendurch wechseln sie zum offenen Wasser, an das sie gebunden sind. Im Laufe der Nacht ziehen sie wieder in die Berge zurück. Gesetzt werden ein, selten zwei Kälber, die zunächst versteckt im Busch abgelegt werden.

Der Kudu entwickelt zwei Typen: einen mit breiter Auslage und langen Stangen, einen mit enger Auslage und kurzen, meist stark gedrehten Stangen. Sie werden oft als Flächen- und Bergkudus bezeichnet, doch ist dies unzutreffend. Beide Typen können überall vorkommen.
Jagdbar.

Gewicht:	Bulle 250–300 kg Tier 180–200 kg
Schulterhöhe:	1,30–1,45 m
Länge:	1,80–2,00 m
Tragzeit:	7–8 Monate, 1 Kalb, selten 2
Lebenserwartung:	20 Jahre

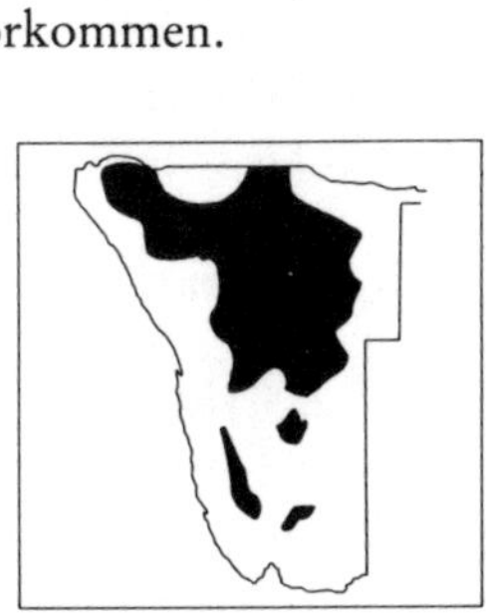

Südafrikanischer Spießbock, Oryxantilope
Oryx gazella

Engl.: Gemsbuk; Afrik.: Gemsbok; Herero: Onduno; Ovambo: Ofino

An vielen Orten wird der Gastjäger auf die Oryxantilope oder auch Spießbock jagen können. Auch diese Antilope lebt in Rudeln, doch trennt der Bulle sich nach der Brunft nicht so entschieden von den Tieren, wie der Kudu.

Die Farbe ist ein helles Grau, das zum Bauch und an den Oberläufen dunkel bis schwarz-braun abgesetzt ist. Die Bauchseite ist hell, der Hals stark und breit, der Widerrist nicht so ausgeprägt wie beim Kudu. Den Hals ziert eine dunkle Mähne. Der Wedel ist schweifartig wie beim Pferd. Er ist in ständig peitschender Bewegung. Das Gesicht ist hell, fast weiß mit einer scharf abgegrenzten schwarzen Maske, die Lauscher sind groß und dreiecksförmig.

Das Gehörn besteht aus steil nach oben getragenen nadelspitzen Spießen. Diese zeigen nur eine leichte Krümmung und haben, je nach

Alter, an der Basis mehr oder weniger ausgeprägte Falten und Rillen, die sogenannten „Strümpfe". Beide Geschlechter sind gehörnt. Es ist nicht leicht, sie korrekt anzusprechen. Das Gehörn des Bullen ist im allgemeinen massiger, ziemlich dick an der Basis und hat, von vorne gesehen, oft eine leicht O-förmige Krümmung. Die Stangen sind meist kürzer als beim Tier.

Die weibliche Oryx trägt sehr lange, etwas dünnere Stangen, die häufig ohne merkliche Krümmung parallel nach oben verlaufen. Nach hinten zeigen sie oft eine leicht säbelartige Krümmung, die aber auch beim Bullen vorkommen kann.

Am leichtesten spricht man das Stück nach dem Körper an. Das Tier zeigt einen prallen runden Bauch, der sich glatt wölbt. Beim Bullen ist der Pinsel recht deutlich zu erkennen. Er hat auch den viel schwereren, gedrungenen Hals und den gröberen Kopf.

Oryxantilopen sind überwiegend Grasäser und deshalb beim Farmer weniger beliebt. Ihr Verbreitungsgebiet erstreckt sich praktisch über das ganze Land. Obwohl sie die offene Fläche bevorzugen, trifft man sie auch in den Bergen an.

Vom Wasser sind Oryxantilopen nur bedingt abhängig. Wo wasserhaltige Pflanzen vorkommen, wie in der Kalahari, können sie ganz aufs Schöpfen verzichten.

Gesetzt wird ein Kalb, Zwillingskälber sind selten. Das Kalb wird, sobald es die ersten Schritte machen kann, von der Mutter mitgenommen. Oryxkälber werden bereits mit kleinen Hornspitzen geboren, die bei der Geburt noch flach nach hinten am Kopf anliegen, erst später richten sie sich allmählich auf. Das Oryxkalb hat in den ersten Monaten eine völlig andere Färbung als die Alttiere. Es ist rotbraun bis lohgelb und macht bei flüchtigem Hinschauen den Eindruck eines dahinlaufenden Wolfes oder jungen Löwen.

Das Verbreitungsgebiet der Oryxantilopen sind im Westen die Randgebiete der Namib bis südlich herab in Höhe Lüderitz, im Osten der nach Südwest hineinreichende Teil der Kalahari bis hinauf zur Nordgrenze, ab Mariental die Landesmitte bis ebenfalls zu den Grenzflüssen im Norden.

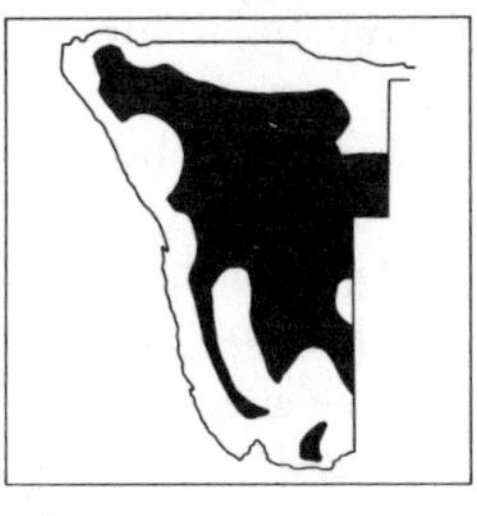

Gewicht:	180–200 kg
Schulterhöhe:	1,20–1,25 m
Tragzeit:	9 Monate, 1 Kalb
Lebenserwartung:	20 Jahre

Jagdbar.

Elenantilope *Taurotragus oryx*

Engl.: Eland; Afrik.: Eland; Herero: Ongarangombe; Ovambo: Ongalangombe

Die Elen- oder Elandantilope ist die schwerste aller Antilopen. In Masse und Gewicht kommt sie dem kanadischen Elch gleich. Die Färbung ist ein ins Ocker gehendes Gelbbraun. Hinter der Schulter ziehen sich einige milchfarbene Streifen über den Rücken. Der Hals geht in Graufärbung über. Auch bei dieser Antilope ist ein starker Widerrist vorhanden, der beim Bullen ausgeprägter ist als bei der Kuh. An der Unterseite des Halses hängt eine Kehlwamme, die beim alten Bullen schwer hin und her pendelt und von den Afrikanern als „Gardine" bezeichnet wird. Der Wedel erstreckt sich bis auf die Hessen und hat am Ende eine kleine dunkelbraune Quaste.

Die Schalen der Spalthufe spreizen sich beim Auftreten. Dadurch geschieht es, daß die beiden Teile beim raschen Hochheben des Laufes hörbar aneinanderschlagen. So verursachen sie beim Ziehen das typisch klickende Geräusch, als ob Haselnüsse in einen Karton fallen.

Beim Eland sind beide Geschlechter gehörnt. Das Gehörn streckt sich gerade in die Höhe, der untere Teil ist schraubenartig gedreht, zeigt eine dicke Naht, die sich wie eine Raupe um das Gehörn windet. Das Gehörn der Kuh ist dünner und länger als das der Bullen.

Bulle und Kuh sind gut anzusprechen, weil der Unterschied im Gehörn deutlich ist. Der alte Bulle hat an der Basis viel Masse, die Raupe ist ausgeprägter, die Spitzen sind stumpf. Ganz alte Bullen bekommen eine graublaue Färbung und werden im Alter fast zementfarben und glanzlos. Das Gehörn setzt stark zurück durch das dauernde Wühlen und Schrammen im Boden, so daß uralte Bullen oft nur noch kurze, aber massige Stümpfe als Trophäe tragen. Auf dem Nasenrücken des alten Bullen sprießt eine dichte dunkelbraune Bürste.

Elenantilopen sind hauptsächlich Laubäser, äsen aber auch Gras. Sie sind an Wasser gebunden und müssen Gelegenheit zum Schöpfen haben. Vorzugsweise wird nachts geschöpft.

Das Verbreitungsgebiet liegt in den nördlichen Gebieten. Es erstreckt sich südöstlich vom Waterberg über Otavi bis Grootfontein und Zinsabis, vom nördlichen Damaraland über die Kamanjabgegend durch das ganze Kaokoveld. Auf vielen Farmen in der Landesmitte bis auch in den Süden findet man Neuansiedlungen von Elands in kleinem Maßstab.

Gewicht:	Bulle 600–700 kg
	Kuh 500–600 kg
Schulterhöhe:	1,60–1,80 m
Länge:	2,60–2,80 m
Tragzeit:	8½–9 Monate,
	1 Kalb, selten 2
Lebenserwartung:	25 Jahre

Jagdbar.

Südafrikanische Kuhantilope *Alcelaphus caama*

Engl.: Cape Hartebeest; Afrik.: Rooihartbees; Herero: Okatjove; Ovambo: Ohumba

Das Hartebeest, Kuhantilope oder Kaama gehört zu den merkwürdigsten Antilopen unseres Landes. Ihrem Körperbau, ihrer Farbe und ihrer Form nach ist sie außerordentlich gut ihrem Lebensraum angepaßt, der sich hauptsächlich über den Nordosten Südwests erstreckt. Das Gelände dort besteht in der Hauptsache aus rotem Sand und geht bereits in die Dünenwelt der Kalahari über. Dieser Umgebung ist das Hartebeest vollkommen angepaßt. Seine dunkelrote Färbung läßt es im Rot der Kalaharilandschaft völlig verschwinden. Diese bei Kühen und Kälbern hellere, bei Bullen dunklere Rotfärbung erstreckt sich über den ganzen Körper. Nur auf dem rückwärtigen Teil der Keulen sind zwei schwarze Backen erkennbar. Der lang hochgestreckte, steil aufgerichtete, unproportionierte Schädel trägt eine dunkle Maske, die beim Bullen ausgeprägter als bei der Kuh in Erscheinung tritt.

Die Trophäe, das Gehörn, hat eine eigenwillige Form. An der Basis kommt das Gehörn knuffig und wulstig aus dem Schädel, richtet sich erst nach vorne aufwärts, um dann in jähem Winkel spitz nach hinten abzubiegen und in zwei Spitzen zu enden.

Der hochstehende Kopf einer ruhenden Kuhantilope im Schatten einer Giraffenakazie wird leicht für ein Stück Fallholz gehalten. Eine Kuhantilope, die reglos sichernd verharrt, sieht aus wie ein hoher, roter Termitenhaufen, der um einen vertrockneten Baum herum gebaut ist.

Auch bei der Kuhantilope tragen beide Geschlechter ein Gehörn. Da weibliche Stücke oft ein kapitales Gehörn schieben, ist das Ansprechen besonders schwer. Auch hier spricht man das Stück besser am Körper an. Der Pinsel ist meist gut sichtbar, ebenso der glatte Bauch bei der Kuh. Der Kopf des Bullen erscheint massiger als der der Kuh, die Maske ist ausgeprägter.

Hartebeester gelten als besonders standorttreu. Sie ziehen sich tagsüber gerne in den Dickbusch zurück. Sie sind ein unruhiges Wild, das ständig hin und her zieht. Doch sind sie leicht anzupirschen, da sie immer nur ein Stück flüchten und dann wieder verhoffen. Da sie sehr neugierig sind, hilft es oft, reglos zu verharren, was sie dann veranlaßt, näher zu kommen. Der afrikaanse Name „Hartbees", den die Buren dieser Antilope gegeben haben, wird häufig so verstanden, als wolle man damit die besondere Härte des Wildes zum Ausdruck bringen. Doch ist dies falsch. In der afrikaansen Sprache wird Härte in diesem Sinne mit dem Wort „taai" bezeichnet. Hart heißt auf Afrikaans Herz und bees Rind. Also wurde diese Antilope von den Buren als „Herzrind" bezeichnet, einmal wegen des rinderartigen Aussehens und zum anderen, weil das Wild von hinten gesehen, einen herzförmigen hellen Spiegel trägt.

Gesetzt wird ein Kalb, das, sobald es der Mutter folgen kann, dem Rudel zugeführt wird.

Das Verbreitungsgebiet ist hauptsächlich der Teil östlich von Windhoek in Richtung Gobabis und von dort nördlich bis in die Gegend um den Waterberg.

Gewicht:	150–180 kg
Schulterhöhe:	1,25 m
Länge:	1,80–1,90 m
Tragzeit:	8 Monate, 1 Kalb
Lebenserwartung:	15 Jahre

Geschützt.

Streifengnu *Connochaetes taurinus*

Engl.: Blue Wildebeest of Brindled Gnu; Afrik.: Blouwildebees; Herero: Otjimburu; Ovambo: Shimburu

Das Streifengnu, die einzige südliche Gnuform in Südwest, lebt in großen Herden, die in der Etoshapfanne zu Tausenden zählen. Das Gnu ist ein geselliges Wild und schließt sich gerne anderem Wild, wie Zebras, Oryx und Springböcken an.

Das Gnu erscheint mächtiger und größer, als es in Wirklichkeit ist. Ähnlich wie beim Warzenschwein, wirkt der nach vorne überbaute Körper ungemein mächtig. Der schwere überbetonte Vorderkörper mit dem starken Schädel und dem gebogenen rinderartigen Gehörn, lassen zunächst einen Büffel vermuten. Aber in Wirklichkeit ist diese Antilope nicht groß.

Die Färbung ist ein schwärzliches Blaugrau mit dunklen Streifen. Eine auffallende Pferdemähne fällt zottig über den Oberkörper. Auf einem dicken, breiten Hals sitzt der klotzige Schädel mit riesiger Ramsnase und struppigem Bart. Unter der wulstigen Stirn funkeln die Lichter und verleihen dem Tier ein teuflisches Aussehen. Dabei ist es absolut harmlos. Es ist neugierig und zutraulich, verhofft immer wieder und äugt, wobei es erregt schnaubt und bläst. Das hat dem Streifengnu den Ruf der Gefährlichkeit eingebracht.

Das Gehörn ist eine büffelartig geschwungene Trophäe mit breitem Schild und nach innen gedrehten Hornspitzen.

Gesetzt wird ein Kalb, das bald nach der Geburt der Mutter folgen kann und sogleich der Herde zugeführt wird.

Zu Unrecht hat man es als Überträger der für Rinder so gefährlichen Schnorrsiekte angesehen, deshalb wurde zu Anfang der dreißiger Jahre von der Behörde die absolute Ausrottung des Streifengnus angeordnet und auch durchgeführt. Das Streifengnu, das bis dahin den ganzen Osten Südwests in reichem Maße bevölkerte, ist seitdem aus dem besiedelten Gebiet so gut wie verschwunden.

Das Verbreitungsgebiet ist heute nur noch der Etoshapark mit einigen dort angrenzenden Farmen. In den Randgebieten der Kalahari kommt es noch in geringen Mengen vor.

Gewicht:	160–270 kg
Schulterhöhe:	1,30–1,35 m
Länge:	2 m
Tragzeit:	8–8½ Monate, 1 Kalb
Lebenserwartung:	18 Jahre

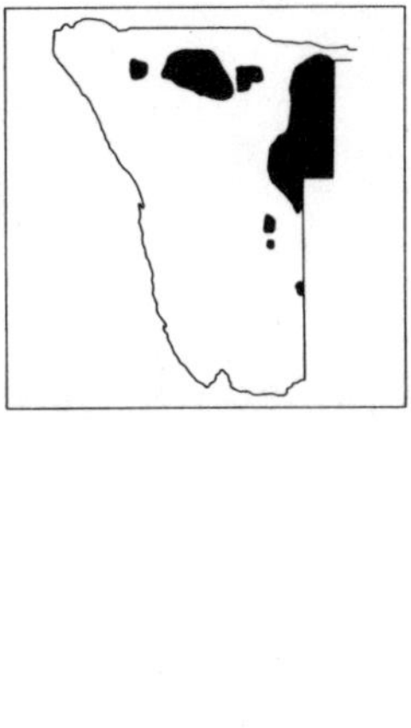

Geschützt, Gastjäger können den Abschuß von 1 Stück frei bekommen.

Springbock *Antidorcas marsupialis*

Engl.: Springbuck; Afrik.: Springbok; Herero: Omenje; Ovambo: Omanje

Der Springbock gilt als die schönste und eindrucksvollste Antilope Südwests. In der Farbenvielfalt seiner Zeichnung, in der Lebhaftigkeit seines Wesens übertrifft er alle seine Verwandten. Aussehen und Lebensgewohnheit erinnern stark an die europäische Gemse.

Die Zeichnung des Springbockes ist ein helles bis gelbliches Rotbraun. Die Decke ist zum weißen Bauch hin mit einem kastanienbraunen Streifen abgesetzt. Auf dem weißen Kopf verläuft seitlich ein dunkler Strich durch die Lichter, auf der Stirn trägt er ein rotes Dreieck. Die großen dunklen Lichter mit den langen schwarzen Wimpern geben dem Gesicht ein eindrucksvolles Aussehen. Die überaus zierlichen Läufe sind an der

Innenseite weiß, außen hellbraun. Auf der Kammlinie des Rückens sind die zusammengelegten, langen, steifen Haare des „Prunkes" als schneeweißer Strich erkennbar. In der Erregung bei Gefahr, bei Spiel und Erschrecken wird der „Prunk" gespreizt und öffnet sich zu einer großen weißen Rosette auf dem Rücken des Tieres. Dazu macht der Bock bis zu 3 m hohe Sprünge senkrecht in die Luft, wobei der Kopf tief herabgedrückt gehalten wird.

Das Gehörn ist eine wunderschöne, lyraförmig geschwungene Trophäe von ebenmäßiger Form. Beide Geschlechter sind Gehörnträger. Hier ist das Ansprechen jedoch nicht so schwer, denn die weiblichen Stücke tragen erheblich dünnere Stangen. Auch durch den Körperbau sind sie leicht zu unterscheiden. Weibliches Stück: dünner, langer Hals, Kopf feiner. Bock: gedrungener, schwerer wirkend, Hals dick, Kopf plump.

Der Springbock ist Feinschmecker, er äst selektiv und sucht sich die besten und feinsten Gräser aus, weshalb er viel umherzieht. Vom Wasser ist er völlig unabhängig. In der Kalahari genügen ihm die Salzpfannen, zu denen er zum Schöpfen zieht.

Im Verenden öffnet der Springbock seinen „Prunk" noch einmal zu voller Pracht, um ihn nach einer Minute fest zu schließen. In der Mittellinie des „Prunkes" sondert der Springbock ein öliges, orangefarbenes Sekret ab, das einen süßlichen nach Rosenöl riechenden Duft besitzt.

Gesetzt wird gewöhnlich ein Kitz, ausnahmsweise auch Zwillinge, die zunächst versteckt abgelegt werden, aber schon nach kurzer Zeit der Mutter behende folgen können. Die führenden Stücke sammeln sich dann zu großen „Kindergärten".

Das Verbreitungsgebiet ist fast das ganze Südwest. Die größte Konzentration weist der Süden des Landes auf, sowie der Rand der Kalahari und der Namib.

Gewicht:	30–50 kg
Schulterhöhe:	75–85 cm
Länge:	1,30–1,40 m
Tragzeit:	5½–6 Monate, 1 Kitz, selten 2
Lebenserwartung:	12 Jahre

Jagdbar.

Kronenducker *Sylvicapra grimmia*

Engl.: Grey Duiker; Afrik.: Gewone Duiker; Herero: Ombambi; Ovambo: Okambunja

Der Kronenducker oder Ducker ist eine zierliche Antilope, fast rehgroß. Die Farbe ist ein gelbliches Braun, das einheitlich über den ganzen Körper verläuft. Nur der Kopf trägt einen dunklen Strich vom Scheitel bis zum Windfang. Die Lichter sind groß und dunkel. Das Gehörn wird von zwei fingerlangen Spießen gebildet, die an der Unterseite Rillen aufweisen. Zwischen den spitzen Stangen steht ein kleiner Haarschopf aufrecht empor. Der Ducker lebt streng paarweise und verteidigt seinen Äsungsbereich gegen andere Artgenossen. Er bevorzugt buschiges Gelände und ist an Wasser gebunden. Er ist äußerst vorsichtig. Bei geringstem Verdacht bringt er sich in Sicherheit, wobei er geschickt jede Deckung ausnutzt, quasi wegtaucht, daher der Name. Bevorzugte Äsung sind Unkraut und Giftpflanzen.

Ducker halten eine strenge Einehe ein. Gesetzt werden ein, manchmal zwei Kitze, die zunächst sorgfältig verborgen werden. Die Mutter entfernt sich dann nie weit von ihnen. Erst wenn sie kräftig genug sind, bleiben sie ständig bei der Mutter.

Verbreitungsgebiet ist fast das ganze Land, wobei buschreiche Gegend bevorzugt wird.

Gewicht:	10–15 kg
Schulterhöhe:	60–70 cm
Länge:	1,00–1,05 m
Tragzeit:	4 Monate, 1 Kitz
Lebenserwartung:	12 Jahre

Geschützt.

Klippspringer *Oreotragus oreotragus*

Engl.: Klipspringer; Afrik.: Klipbokkie; Herero, Ovambo: Ongorowe

Der Klippspringer ist eine untersetzte Kleinantilope, die trotz ihrer Zierlichkeit plump wirkt. Sie lebt ausschließlich in den Felsen und Schroffen hoher Berge und verläßt dieses Gelände nie.

Die Farbe ist graubraun. Die Decke, die einfarbig ist, wirkt glanzlos und pelzig. Das Grannenhaar steht etwas über. Um die Lichter zeichnet sich ein heller Fleck ab. Die Lichter sind groß und dunkel. Nur der Bock trägt ein Gehörn. Das Gehörn besteht aus aus zwei leicht nach vorn geneigten Spießchen, die aber senkrecht nach oben stehen. Die Schalen an den Läufen sind hart und kautschukartig. Der Klippspringer steht nur auf den Spitzen, die sich gut spreizen lassen, wodurch ein fester Halt im Fels erreicht wird.

Der Klippspringer bewegt sich schnell und sicher im Felsgewirr, springt auch in schwindelnder Höhe sicher von Sims zu Sims. Er lebt paarweise in strenger Einehe und verteidigt sein Revier gegen jeden Eindringling seiner Art. Gesetzt wird ein Kitz, das gut und sicher klettert.

Das Verbreitungsgebiet sind sämtliche Gebirgsstöcke und Bergzüge des Landes.

Gewicht:	15-18 kg
Schulterhöhe:	50-55 cm
Länge:	80-85 cm
Tragzeit:	7 Monate, 1 Kitz
Lebenserwartung:	12 Jahre

Streng geschützt.

Steinböckchen *Rhaphicerus campestris*

Engl.: Steenbok; Afrik.: Steenbok; Herero: Ombuindja; Ovambo: Ombundja

Das zierliche Steinböckchen ist eine besonders häufige und fast überall anzutreffende Kleinantilope. Es hat eine rötlich gelbbraune Färbung, die Unterseite des Bauches ist hell. Das Gesicht zeigt eine ganz leichte

Dunkelfärbung. Die Lichter sind sehr groß, dunkel und etwas ausdruckslos. Die Lauscher sind unverhältnismäßig groß und werden beim Verhoffen wie zwei Schmetterlingsflügel vom Kopf gespreizt; ihre Innenseite ist hell und zeigt eine dunkle Äderung. Nur der Bock trägt ein Gehörn, welches aus zwei leicht auseinanderlaufenden, fingerlangen Spießen besteht, die im unteren Drittel gerillt sind. Steinböckchen leben paarweise in strenger Einehe. Gesetzt werden ein bis zwei Kitze.

Auch bei den Steinböckchen besteht die Äsung in der Hauptsache aus Kräutern und Giftpflanzen.

Das Verbreitungsgebiet ist das ganze Land. Die Steinböckchen bevorzugen flaches oder hügeliges Gelände und im Bergland die Täler. Die Berge selbst werden gemieden.

Gewicht:	10–14 kg
Schulterhöhe:	45–52 cm
Länge:	70–85 cm
Tragzeit:	7 Monate, 1 bis 2 Kitze
Lebenserwartung:	10 Jahre

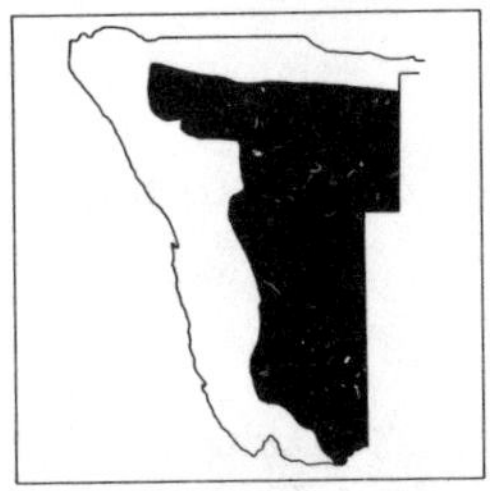

Geschützt.

Zwerg-Rüsselantilope oder Dikdik
Rhynchotragus kirki

Engl.: Damaraland long snouted Dik Dik; Afrik.: Damaralandse Bloubokkie; Herero: Okatini; Ovambo: Okabundja

Das Dikdik oder die Zwerg-Rüsselantilope gehört zu den Windspielantilopen (Madoqua) und ist wohl die kleinste ihrer Art. Sie ist etwa hasengroß, Farbe auf dem Rücken ein meliertes Blaugrau, nach der Unterseite ein Rotbraun. Nur der Bock ist gehörnt. Das Gehörn besteht aus zwei 5 bis 7 cm langen Spießchen, die unter dem zwischen den Lauschern hervorstehenden Schopf kaum zu erkennen sind. Der Windfang ist rüsselartig verlängert. Die zierlichen Läufe sind bleistiftdünn.

Dikdiks leben paarweise in strenger Einehe. Gesetzt wird ein, selten zwei Kitze.

Das Verbreitungsgebiet liegt um und nördlich von Otjiwarongo, im Distrikt Outjo, im Damaraland bis hinauf ins Kaokoveld und entlang der Nordgrenze.

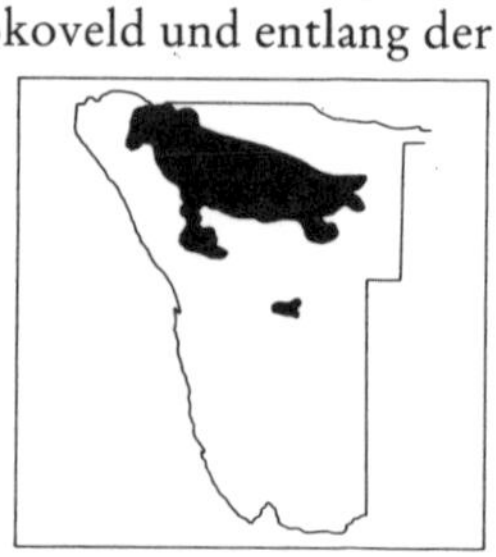

Gewicht:	3½–4 kg
Schulterhöhe:	40 cm
Länge:	65 cm
Tragzeit:	6 Monate, 1 Kitz
Lebenserwartung:	12 Jahre

Geschützt.

Raubwild

In Südwest sind verschiedene Raubwildarten beheimatet. Davon ist ein Teil wehrhaft und stellt für den Jäger einen beachtlichen Gegner dar.

Unter dem kleinen Raubwild gibt es eine ganze Reihe harmloser und gesetzlich geschützter Arten, so daß ein sorgfältiges Ansprechen erforderlich ist, bevor man sich zum Schuß entschließt.

Raubwild ist allgemein das ganze Jahr über frei und darf mit Zustimmung des Grundeigentümers ohne Lizenz geschossen werden.

Auch hier gelten die Regeln der Waidgerechtigkeit: das führende Muttertier wird geschont.

Löwe *Panthera leo*

Engl.: Lion; Afrik.: Leeu; Herero: Ongeama; Ovambo: Onkoshi

Der Löwe ist die eindrucksvollste Großkatze. Die Farbe der Decke ist ein Lohgelb, das nach der Bauchseite zu etwas heller wird. Der männliche Löwe bekommt zunächst eine Mähne, die kurz und struppig wirkt, aber mit zunehmendem Alter länger, dichter und schöner wird. Die Mähne ist dunkler als die Farbe der Decke. Sie kann braun werden, gelegentlich auch

schwarzbraun. In Südwest leben der Kaokoveldlöwe und der Kalaharilöwe. Letzterer hat eine meist nur sehr dünne und helle Mähne. Die Löwin ist unbemähnt. Der Körper läuft in die sehr lange, meist halbhoch getragene Rute aus, die mit einer dunklen Quaste endet. Die Rute mit der Quaste ist das absolute „Stimmungsbarometer" des Löwen. In Erregung oder Spannung zuckt die Quaste nervös hin und her. Diese Ausschläge werden heftiger, je mehr die Erregung wächst. Bei einem Angriff oder vor dem Sprung auf ein Opfer wird die Rute ruckartig senkrecht hochgeworfen.

Der Löwe jagt gewöhnlich am Abend oder in den frühen Morgenstunden, nachts auch bei Mondschein. Die heißen Tagesstunden verschläft er faul im Busch oder im Schatten einer Akazie.

Gesetzt werden 4 bis 6 Welpen, von denen die Mutter meistens nur drei bis vier großzieht. Die Welpen kommen blind zur Welt und bleiben die erste Zeit im warmen Lager. Welpen, die der Mutter nicht folgen oder abirren, werden ihrem Schicksal überlassen und gehen zugrunde. Die Nachwuchsquote ist deshalb beim Löwen niedrig.

Bejagungsart ist der Ansitz am Wasser oder am Riß. Was noch reizvoller ist, ist das Ausgehen einer frischen Spur mit dem Buschmann oder einem spursicheren, erfahrenen Hund. Geschieht dies von einem Riß aus, an dem die Löwen sich in der Nacht vollgefressen haben, kann man sie „müdelaufen". Der satte Löwe ermüdet rasch, wenn er verfolgt wird, und stellt sich dem Verfolger. Der nicht angeschossene Löwe nimmt niemals unmittelbar an, sondern macht gewöhnlich zwei bis drei Scheinangriffe unter warnendem Brüllen. Der Jäger hat dann gute Gelegenheit zum raschen Schuß.

Löwin

Der sicherste Schuß auf den Löwen ist der Blattschuß. Er soll bei allen Katzenarten, der Lage des Herzens entsprechend, tiefblatt sitzen. Von Kopfschüssen ist abzuraten, vor allem, wenn es sich um einen Mähnenlöwen handelt. Die Mähne täuscht, das Ziel ist sehr klein und nicht erkennbar. Da der Schädel flach ist, wird er leicht überschossen oder nur gestreift, besonders wenn der Löwe in geduckter Stellung liegt. Sollte bei einem Löwen im Wundbett ein Kopfschuß nicht zu umgehen sein, so schießt man den geduckt liegenden Löwen etwa zwei Finger breit über die Lichter. Den frontal stehenden Löwen, sichernden oder brüllenden Löwen schießt man genau auf die Nasenspitze, die Kugel schlägt dann innen das Genick ab.

Trophäen sind einmal die Decke, dann der unbeschädigte Schädel und schließlich die Krallen. Beliebt ist auch der sogenannte „Zauberknochen", der vor dem Schlüsselbein liegt, ein kleines Knöchelchen, das ohne Zusammenhang mit dem übrigen Skelett im Fleisch sitzt. Ihn läßt man als Brosche verarbeiten.

Innerhalb des besiedelten Farmgebietes ist der Löwe recht selten geworden. Das Hauptverbreitungsgebiet ist heute, abgesehen vom Ethoshapark, das Kaokoveld einschließlich des ganzen kaum besiedelten Nordens, das östliche Sandveld, die Omaheke und die Randgebiete der Kalahari.

Auf den an diese Gebiete grenzenden Farmen kann der Gastjäger auf einen Löwen zu Schuß kommen.

Gewicht:	200–300 kg
Schulterhöhe:	Löwe: 0,90–1,10 m
	Löwin: 0,85–0,90 m
Länge:	2,70–3,00 m
Tragzeit:	3½– 4 Monate,
	4–6 Welpen
Lebenserwartung:	20 Jahre

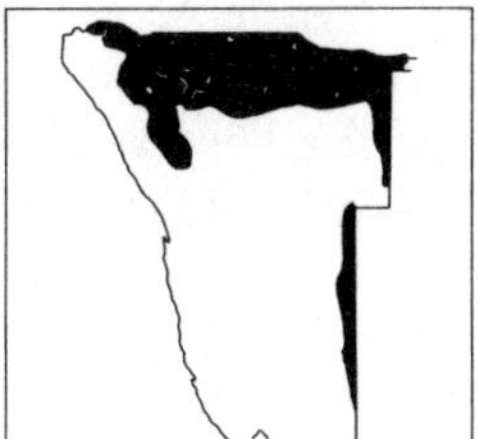

Jagdbar.

Leopard *Panthera pardus*

Engl.: Leopard; Afrik.: Luiperd, Tier; Herero: Ongui; Ovambo: Ongue

Der Leopard, die zweitgrößte Raubkatze, ist in den nördlichen Gebieten Südwests noch sehr häufig. Seine heimliche, zurückgezogene Lebensweise, seine große Vorsicht und sein Geschick, sich im Verborgenen zu halten, haben ihn vor der Ausrottung bewahrt. Darum ist sein Standort noch in fast allen zerklüfteten Bergmassiven Südwests zu finden.

Die Grundfarbe seiner schönen Decke ist ein rötliches Gelb mit fast goldenem Ton. Sie ist bedeckt mit schwarzen, rosenförmigen Ringflekken, die nach Flanke und Branten zu in einfache schwarze Tupfen übergehen. An Genick und Kopf werden es kleine schwarze Flecken, die sich immer dichter zusammenballen. Die lange Rute ist ebenfalls gefleckt, auf der Unterseite hell. Auch beim Leoparden ist die Rute ein „Stimmungsbarometer", wie beim Löwen. Der Leopard ist fast ausschließlich Nachtjäger. Er jagt stumm, kein Laut verrät seine Anwesenheit. Nur in der Ranzzeit läßt er nachts einen grunzenden Ton hören. Seine Beute besteht hauptsächlich aus Klippschliefern, Pavianen und kleineren Wildarten. Ab und zu werden auch Jungvieh oder Fohlen gerissen. Tagsüber hält der Leopard sich in seinem Schlupfwinkel auf. Er liebt es, sich auf einem Felsvorsprung zu sonnen. Seine bunte Tarnfarbe macht ihn nahezu unsichtbar, so daß es schwer ist, einen Leoparden in freier Wildbahn zu erkennen.

Der Leopard zeigt sich wenig angriffslustig. Dem Menschen weicht er nach Möglichkeit aus. In die Enge getrieben, verteidigt er sich mit unglaublicher Wildheit. Auch die Leopardin kämpft wild, wenn ihr Geheck in Gefahr ist.

Gesetzt werden zwei bis vier Welpen, die blind geboren werden und zunächst im Lager bleiben.

Verbreitungsgebiet sind im Süden die Karasberge, die Ränder des Fischflusses, der Schwarzrand, weiterhin alle Gebirgszüge und Gebirgsstöcke in der Mitte des Landes bis hinauf in den äußersten Norden. Im Osten, im Randgebiet der Kalahari, lebt der Sandleopard, der lediglich eine geographische Spielart ist.

Gewicht:	45–55 kg
Schulterhöhe:	Kater: 0,75–0,80 m
	Katze: 0,60–0,70 m
Länge:	2,50 m
Tragzeit:	3 Monate, 2–4 Welpen
Lebenserwartung:	18 Jahre

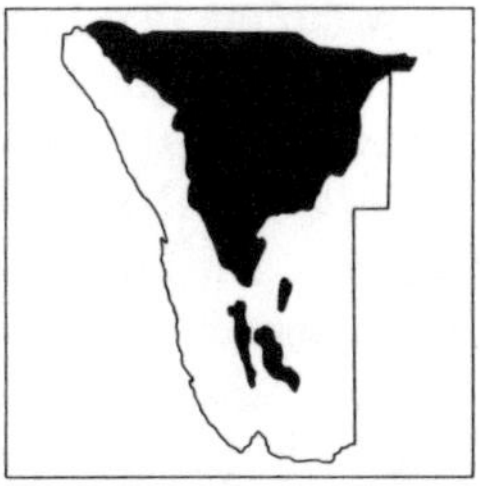

Geschützt.

Gepard *Acinonyx jubatus*

Engl.: Cheetah; Afrik.: Jagluiperd; Herero: Otjitotongue; Ovambo: Eshinga

Der Gepard, die drittgrößte Raubkatze, gilt als das schnellste Säugetier der Erde. Geparden sind ausgesprochene Sprinter. Auf kurze Distanz erreichen sie Geschwindigkeiten bis zu 120 km/h. Haben sie die gehetzte Beute nach 400 bis 500 m nicht eingeholt, geben sie die Verfolgung auf. Daher beschleichen sie das Wild äußerst geschickt und arbeiten sich so nahe wie

möglich heran, um dann plötzlich abzuschnellen und die Hetze zu beginnen.

Die Natur hat den Gepard mit einem windhundartigen Körperbau ausgestattet. Die Krallen können nicht, wie bei anderen Katzenarten, völlig eingezogen werden. Diese sind im Spurenbild immer zu erkennen. Durch den Gebrauch beim Laufen haben sie an Schärfe verloren und werden daher nicht zum Schlagen der Beute benutzt.

Während der Leopard nur einzeln jagt, jagt der Gepard meist im Verband, zumindest aber paarweise. Der Aktionsradius ist groß, die Jagdweise unstet. Selten kommen Geparden wieder zum Riß zurück. Wenn doch, dann nur, wenn sie beim Fressen gestört wurden, bevor sie sich sättigen konnten. Es wird immer frisch gefangen, Aas wird nicht genommen.

Der Gepard ist ab Mitte des Landes nach Norden hin überall zu finden, zeigt sich aber auch gelegentlich im Süden. Die vielen offenen Wasserstellen der Farmen kommen seiner herumschweifenden Lebensweise entgegen.

Stellen, die er regelmäßig aufsucht, sind seine Mal- oder Spielbäume. Das sind gewöhnlich einsam freistehende Bäume mit schräg liegendem Stamm. Auf diesem kann er hochlaufen, da seine stumpfen Krallen ein katzenartiges Klettern nicht gestatten. Der Gepard liebt es, auf einen überhängenden, breiten Ast zu laufen, um sich von dort zu lösen. Durch Anhäufung der Losung unter diesem Ast verrät er seine Anwesenheit.

Aufgrund der überaus günstigen Bedingungen hat der Besatz an Geparden in Südwest zugenommen. Er ist mancherorts eine Bedrohung für Jungwild und Vieh geworden. In solchen Fällen ist dem Farmer der Abschuß von Geparden gestattet.

Gewicht:	45–65 kg
Schulterhöhe:	75 cm
Länge:	2,10–2,20 m
Tragzeit:	3 Monate, 2–4 Welpen
Lebenserwartung:	15 Jahre

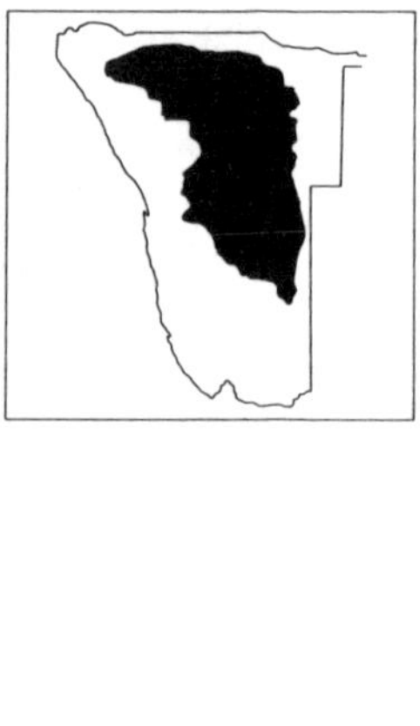

Geschützt.

Serval *Felis serval*

Engl.: Serval; Afrik.: Tierboskat; Herero: Ongwetera; Ovambo: Onguetela

Der Serval gehört zu den hübschesten Raubkatzen. Die Decke weist eine besonders schöne Zeichnung auf. Die Grundfarbe ist gelbbräunlich mit großen länglichen schwarzen Flecken, die über die Decke fließen. Auf einem hochläufigen, schlanken Körper sitzt ein überlanger Hals, der einen rundlichen Katzenkopf trägt, auf dem zwei große, dreieckige Lauscher hervorragen. Die Rute ist schwarz geringelt.

Der Serval ist ausgesprochener Nachtjäger. Er läßt sich besser zähmen als jede andere Wildkatze. In Gefangenschaft legt er seine Wildheit ab und wird zutraulich und anschmiegsam.

Sein Verbreitungsgebiet war einst der gesamte nördliche Teil Südwests. Doch ist das schöne Tier im besiedelten Gebiet nahezu ausgerottet. Da seine Beute fast ausschließlich aus größerem Wildgeflügel besteht, hat er natürlich mit Vorliebe Haushühner, Enten und Gänse der Farmer geraubt. Das ist ihm dann zum Verhängnis geworden. Heute kommt er nur noch im Kaokoveld und an der Nordgrenze Südwests vor.

Gewicht:	15 kg
Schulterhöhe:	50–60 cm
Länge:	Rumpf 80–90 cm
	Rute 30 cm
Tragzeit:	60 Tage, 2–4 Junge

Geschützt.

Karakal *Felis caracal*

Engl.: African Lynx, Caracal; Afrik.: Rooikat; Herero: Oroquinjari; Ovambo: Okuiu

Der Karakal, Wüstenluchs oder Rotkatze ist immer noch im ganzen Land weitgehend verbreitet. Seine scheue zurückgezogene Lebensweise hat ihn vor dem Schicksal des Servals bewahrt. Auch der Karakal ist ausgesprochener Nachtjäger. Er ist ein sehr heimlicher, aber emsiger Jäger. Seine Beute besteht aus fast allen Säugetieren und Vögeln, die er überwältigen kann. Er scheut sich nicht, geringere Kudus anzuspringen und sich in deren Kehle festzubeißen, macht auch nicht vor Kälbern der Hausrinder halt. Selbst ausgewachsene Schafe vermag er zu reißen.

Die Färbung der Decke ist ein tiefes Rot. Hals und Brust sind hell. An Flanke und Branten sind kaum erkennbare Flecken vorhanden. Von den Augenwinkeln und der Nasenspitze ziehen sich drei dunkle Streifen zur Stirne empor. Auf dem runden Katzenkopf sitzen zwei hochstehende Lauscher, die in zwei langen Pinseln enden und dem Tier das luchsartige Aussehen verleihen.

Verbreitungsgebiet ist das ganze Land, wobei das Vorkommen in der Mitte und im Norden stärker ist als im Süden oder Osten.

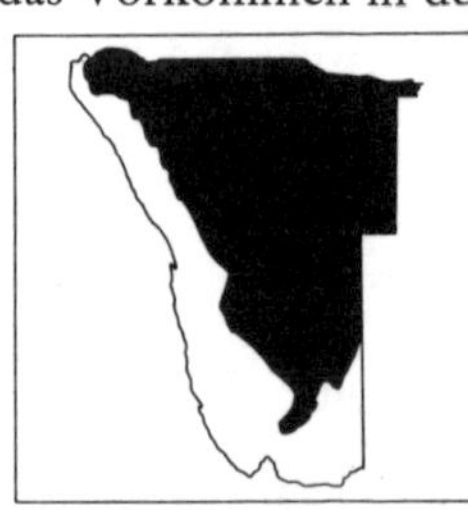

Gewicht:	15–18 kg
Schulterhöhe:	45–50 cm
Länge:	70–88 cm
Tragzeit:	60 Tage, 2–3 Junge

Jagdbar.

Falbkatze *Felis silvestris*

Engl.: Grey wild cat; Afrik.: Vaalboskat; Herero: Ochawi; Ovambo: Okambishi

Die Falbkatze, Afrikanische Wildkatze oder Graukatze ist die Stammutter aller Hauskatzen und wurde bereits von den alten Ägyptern domestiziert.

Die Farbe der Decke ist grau mit leicht rötlichem Unterton. Der graue Kopf weist eine dunkle Reihe von Flecken auf, während Kehle, Bauch und die Unterseite der Rute schmutzigweiß sind. Aus den Augenwinkeln läuft je ein dunkles Querband am Kopf entlang. Der Oberteil der Vorder- und Hinterbranten zeigt eine schöne deutliche Streifung, die gebänderte Rute endet in einer dunklen Spitze. Die Branten sind an der Sohle schwarz behaart, die Zehenballen ebenfalls schwarz.

Die Falbkatze ist überwiegend Nachtjäger, doch hält sie sich tagsüber auch im Feld auf, so daß der Jäger ihr dort begegnen kann. Beutetiere bilden hauptsächlich Kleinsäuger und Vögel.

Verbreitungsgebiet ist das ganze Land.

Gewicht:	4 kg
Schulterhöhe:	30–35 cm
Länge:	1,00 m
Tragzeit:	60 Tage,
	2–5 Junge
Lebenserwartung:	12 Jahre

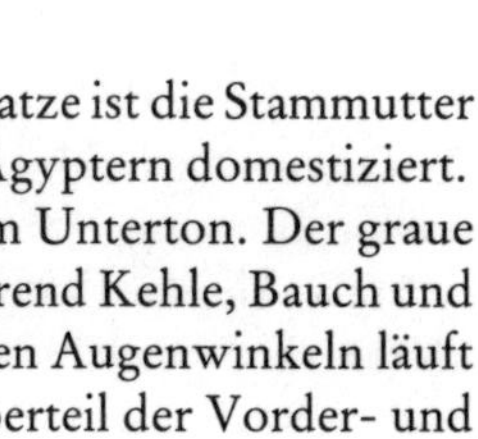

Jagdbar.

Schwarzfußkatze *Felis (Microfelis) nigripes*

Engl.: Black-Footed Cat; Afrik.: Swartpootwildekat; Herero: Ochawi Katiti; Ovambo: Okambishi Katiti

Die Schwarzfußkatze ist die kleinste unserer Wildkatzen. Durch das Auslegen von Giftbrocken gegen Schakale wurde sie so stark dezimiert, daß ihr Bestand gefährdet ist.

Sie ist kleiner als unsere Hauskatze und hat auffallend kurze Läufe. Die Decke zeigt ein fahles Gelb mit schwarzen Flecken. Aus den Augenwinkeln ziehen sich die typischen dunklen Wildkatzenstreifen quer zum Kopf. Die Rute ist lang und mit schwarzen Ringen versehen, die Vorder- und Hinterbranten sind im Oberteil ebenfalls geringelt, der untere Teil ist ganz schwarz, Sohle schwarz.

Beute bilden kleine Nager, Eidechsen und allerlei Kleingetier.

Verbreitungsgebiet im Osten: Kalahari und Sandveld, sonst schwach verteilt auf die Landesmitte und den Rand der Namib.

Gewicht:	1–1,5 kg
Schulterhöhe:	25 cm
Länge:	65 cm
Tragzeit:	55–60 Tage, 2–3 Junge
Lebenserwartung:	12 Jahre

Jagdbar.

Zibetkatze *Viverra civetta*

Engl.: African Civet; Afrik.: Siwetkat; Ovambo: Kangambe; den Herero unbekannt

Die Zibetkatze ist die größte Art der Schleichkatzen. Der graubraune Körper ist bedeckt mit schwarzen Flecken, die an der Vorderpartie kleiner sind und nach hinten zu größer werden. Auf dem Rücken sind sie reihenmäßig angeordnet, während auf der Kammlinie ein dunkler Streifen liegt, der sich bis zur Rutenspitze hinzieht. Die lange Rute ist mit schwarzen Ringen versehen. Das Haar ist lang, rauh und gesträubt. Es ziehen sich zwei dicke schwarze Bänder, hinter den Lauschern beginnend, am Hals entlang, um dann unter der Kehle hindurch zu laufen. Der Kopf wird nach unten gesenkt getragen.

Die Zibetkatze ist weitgehend ausgerottet. Ihr Vorkommen beschränkt sich heute auf die nördlichsten Regionen und die Kalahari.

Gewicht:	10–15 kg
Schulterhöhe:	40 cm
Länge:	1,40 m
Tragzeit:	60 Tage, 2–3 Junge

Geschützt.

Ginsterkatze *Genetta genetta*

Engl.: Genet; Afrik.: Kleinkolmuskejaatkat; Herero: Ondoto; Ovambo: Okandisi

Die Ginsterkatze oder Genette ist ein eifriger Nachtjäger. Der Körperbau ist wieselartig, zierlich langgestreckt. Die Färbung ist ein helles Silbergrau, bedeckt mit vielen schwarzen Punkten. Auf der Rückenlinie zieht sich ein dunkler Streifen hin bis zum Rutenansatz. Die Rute trägt eine Reihe schwarzer Ringe, die Spitze ist dunkel. Auf dem schmalen, spitzen Schädel stehen zwei große, tütenförmige Lauscher.

Die Ginsterkatze ernährt sich in der Hauptsache von allerlei Kleingetier, vor allem von Mäusen. Auf dem Geflügelhof oder im Taubenschlag kann sie beträchtlichen Schaden anrichten.

Verbreitungsgebiet ist das ganze Land.

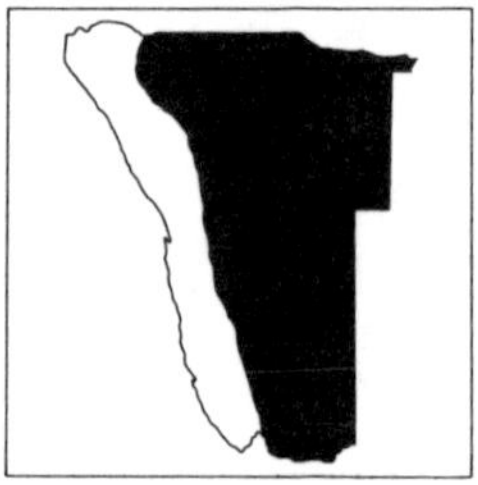

Gewicht:	2 kg
Länge:	80–90 cm
Schulterhöhe:	20 cm
Tragzeit:	20–22 Tage
Lebenserwartung:	10 Jahre

Jagdbar.

Fuchsmanguste *Cynictis penicillata*

Engl.: Yellow Mongoose; Afrik.: Geelmeerkat; Herero: Onguju; Ovambo: Aruri

Die Fuchsmanguste gehört ebenfalls zu den Schleichkatzen. Sie ist von wieselartigem Aussehen und sehr flink. Die Färbung ist ein helles Rotbraun, Kehle und Bauch sind hell, die körperlange Rute wird waagerecht getragen und hat eine leuchtend weiße Spitze. Der Kopf ist fein, spitz zulaufend, die kleinen, schwarzen Seher glitzern lebhaft.

Beutetiere sind hauptsächlich Mäuse und Schlangen, die die Manguste mit geschickten Scheinangriffen ermüdet, ins Genick beißt und frißt.

In offenen Landschaften über das ganze Land verbreitet.

Gewicht:	1 kg
Schulterhöhe:	15 cm
Länge:	65 cm
Tragzeit:	20 Tage, 2–4 Junge
Lebenserwartung:	11 Jahre

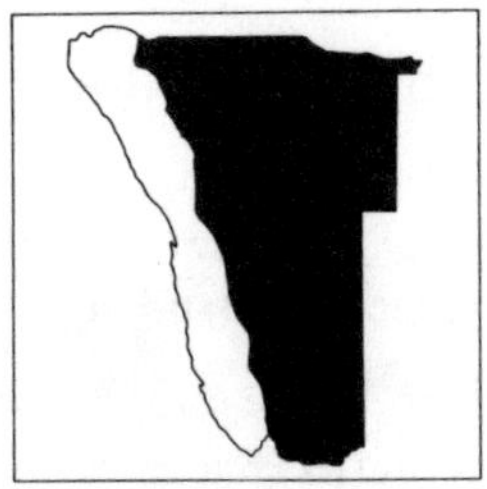

Jagdbar.

Zebramanguste *Mungos mungo*

Engl.: Banded Mongoose; Afrik.: Gebande Muishond; Herero: Orupuka; Ovambo: Omuku

Eine weitere Schleichkatze ist die häufig zu beobachtende Zebramanguste. Sie ist größer und schwerer als die Fuchsmanguste. Im Gegensatz zu dieser lebt sie gesellig in Gruppen. Die Tiere gehen oft gemeinsam auf Jagd.

Die Färbung ist ein helles Grau mit dunkelbrauner Bänderung, die nach der Hinterpartie zu breiter und deutlicher wird. Das Haar ist struppig und erscheint borstig. Die Rute ist lang und läuft spitz aus.

Zebramangusten sind überwiegend tagaktiv. Die Liste der Beutetiere ist groß. Sie ernähren sich von Insekten und Larven, von Eidechsen, Fröschen, Vögeln, Vogeleiern, kleinen Nagern und Schlangen.

Verbreitet ist sie überall dort, wo der Boden das Anlegen von Wohnkolonien zuläßt.

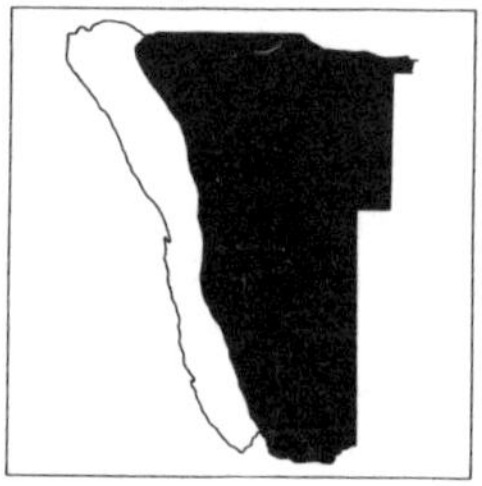

Gewicht:	1,3–1,8 kg
Schulterhöhe:	18 cm
Länge:	65 cm
Tragzeit:	unbekannt, vermutlich 2 Monate, 4–6 Junge

Jagdbar.

Zorilla, Bandiltis *Ictonyx striatus*

Engl.: Polecat, Skunks; Afrik.: Stinkmuishond; Herero: Adangande; Ovambo: Mandanga

Der Zorilla oder Bandiltis gehört zur Familie der Marder. Er ist mit einer stark riechenden Moschusdrüse zur Abwehr seiner Feinde ausgerüstet.

Der langhaarige Balg hat wenig dichtes Unterhaar. Die Farbe ist tiefschwarz mit vier breiten weißen Bändern, die vom Hinterkopf ausgehend bis zum Rutenansatz laufen, wo sie sich vereinen, um den durchweg weißen Schwanz zu bilden. Die Rute wird zur Abwehr buschig gesträubt und hochgestellt, wobei dem Gegner der konzentrierte Moschussaft entgegengespritzt wird.

Bei einbrechender Dunkelheit beginnt das kleine Raubtier seinen Jagdzug. Beutetiere sind kleine Nager, Junghasen, Reptilien, Vögel, Vogeleier und Insekten.

Verbreitet ist er über das ganze Land.

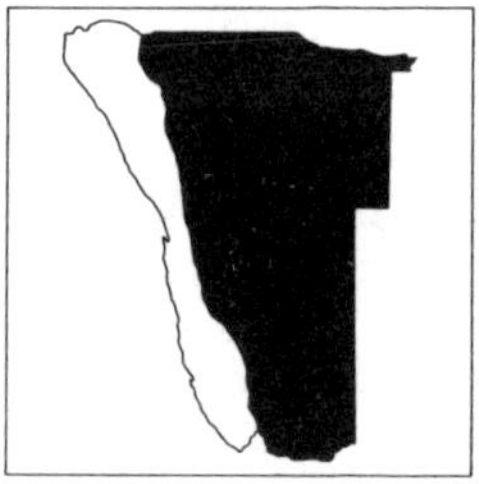

Gewicht:	1 kg
Schulterhöhe:	10 cm
Länge:	30–35 cm
Tragzeit:	ca. 20 Tage, 2–3 Junge

Jagdbar.

Honigdachs, Ratel *Mellivora capensis*

Engl.: Honey Badger; Afrik.: Ratel; Herero: Ondeti; Ovambo: Ondishi

Südwest hat auch einen Dachs aufzuweisen, den Honigdachs. Er trägt eine pralle, dicke Schwarte mit dichtem, rauhem Haar. Von der Stirne bis zu der kurzen Stummelrute bedeckt eine sahnefarbene Schabracke den ganzen Körper. Die untere Hälfte des Körpers ist schwärzlich und wird am Bauch bräunlich. Auf dem kurzen rundlichen Kopf sitzen kurze, abgerundete Gehöre. Die sehr kurzen Läufe haben Branten mit starken Nägeln. Die Rute ist ein kurzer, breiter Stummel, der in Erregung steil hochgestellt wird, wobei eine darunter sitzende Drüse einen scharfen Moschussaft ausscheidet.

Der Speisezettel ist vielseitig. Der Honigdachs hat eine Vorliebe für Kerbtiere und Insekten, ist wegen seiner Larven- und Heuschreckenvertilgung nützlich. Da er sich nur langsam fortbewegt, kann er keine gesunden Tiere erbeuten. Mit Vorliebe gräbt er die Nester der Erdbienen auf, um dort an die Honigwaben zu gelangen. Der Honigdachs ist äußerst aggressiv. Er nimmt alles, was ihm verdächtig erscheint und in den Weg kommt, sofort an. Es gibt deshalb auch nur wenige Hunde, die sich mit ihm einlassen.

Vorkommen überall in Südwest.

Gewicht:	10 kg
Schulterhöhe:	30 cm
Länge:	90 cm
Tragzeit:	6 Monate, 2 Junge

Geschützt.

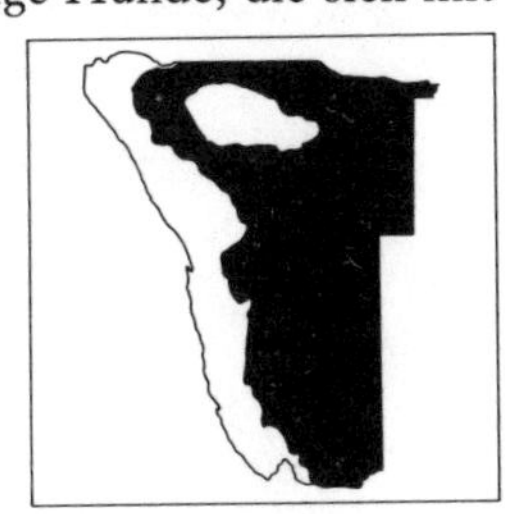

Weißwangenotter *Aonyx capensis*

Engl.: Cape Clawless Otter; Afr. Groototter; Herero: unbekannt; Ovambo: Andlhamo

Der Weißwangenotter ist von langgestreckter, massiger Bauart. Die Farbe ist auf der Oberseite ein sattes Dunkelbraun, die Unterseite ist hell. Die kurzen, stämmigen Branten haben keine Schwimmhäute zwischen den Zehen und tragen keine Krallen. Die Behaarung ist dicht und fettig. Die sehr kurzen, runden Lauscher sind weiß gerandet. Die Rute ist an der Wurzel dick und verläuft in konischer Verjüngung zur Spitze.

Der Weißwangenotter bevorzugt fließende Gewässer, wird aber auch an stehenden und sogar weit vom Wasser entfernt angetroffen. Am Tage sieht man ihn nur in ungestörten Gegenden, wenn er sich an dafür geeigneten Plätzen sonnt. Ansonsten ist er nachtaktiv.

Die Nahrung besteht aus Fischen, Krabben und Krebsen; aber er verschmäht auch kleine Säugetiere und Vögel nicht, wenn er ihrer habhaft werden kann.

Vorkommen in Südwest sind die Flüsse Kunene und Okawango im Norden und der Oranje im Süden.

Gewicht:	18 kg
Länge:	100 cm
Tragzeit:	9 Wochen, 2–5 Welpen
Lebenserwartung:	16 Jahre

Geschützt.

Tüpfelhyäne *Crocuta crocuta*

Engl.: Spotted Hyaena; Afrik.: Tierwolf; Herero: Mbungu mbidiwa; Ovambo: Imhungu ongue

Die große Tüpfelhyäne ist schon recht selten geworden. Wegen ihrer Raublust unter dem Vieh – sie reißt Kälber, Fohlen und Kleinvieh – ist sie Opfer der konzentrierten Nachstellung durch die Farmer geworden.

Sie ist ein ausgesprochener Nachträuber, lebt paarweise oder in kleinem Sippenverband. Der Körper ist nach vorne überbaut, der Kopf ist rundlich mit kurzen abgerundeten Lauschern. Der Fang ist breit mit einem überdimensional starken Gebiß. Im Spurenbild zeichnen sich die Vorderbranten viel größer als die Hinterbranten ab. Die Färbung ist ein schmutziges Rotbraun mit dicken dunkelbraunen Tupfen. Die Rute wird von einem kurzen Stummel mit schwarzer Spitze gebildet. Meist wird sie nach oben gekrümmt getragen. Das Haar ist zottig und rauh.

Tüpfelhyänen sind nicht nur Aasfresser. Sie reißen Tiere bis Gnugröße und entwickeln beim Hetzen Geschwindigkeiten bis 60 km/h.

Verbreitungsgebiete sind heute nur noch die nördlichen Randgebiete und die Kalahari.

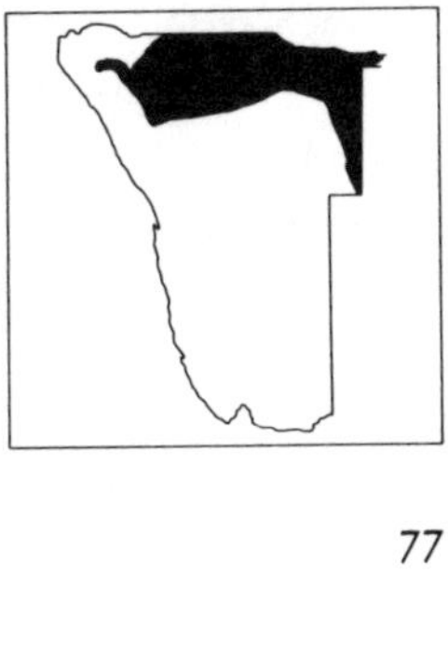

Gewicht:	65–75 kg
Schulterhöhe:	75–90 cm
Länge:	1,50–1,60 m
Tragzeit:	90–100 Tage, 2–3 Welpen
Lebenserwartung:	14 Jahre

Jagdbar.

Braune oder Schabrackenhyäne *Hyaena brunnea*

Engl.: Brown Hyaena; Afrik.: Strandwolf; Herero: Mbungu; Ovambo: Imbungu

Die Braune oder Schabrackenhyäne ist kleiner als die Tüpfelhyäne. Auch die Schabrackenhyäne ist überwiegend Nachtjäger. Sie lebt fast ausschließlich von Aas oder kranken und schwachen Tieren, deshalb ist sie recht nützlich, wurde aber aus Unkenntnis stark bejagt und ist dadurch schon recht selten geworden. Das Spurenbild ist besonders typisch: Die großen rundlichen Vorderbranten sind etwa um ein Drittel größer als die Hinterbranten. Die Ballen sind etwas gespreizt, die Krallennägel erkennbar. Wegen der schrägdiagonalen Gangart tritt eine Hinterbrante neben die Spur, so daß stets zwei große und ein kleines Trittsiegel zu sehen sind.

Die dunkelbraune Decke trägt langes zottiges, schütteres Haar. In dem wirren Zottelhaar ist die Streifung kaum erkennbar, sie wird aber an den Vorderbranten deutlich sichtbar. Der breite plumpe Kopf ist mit einer dunklen Maske gezeichnet. Der Fang ist kurz, die Lauscher stehen spitz empor.

Verbreitungsgebiet: Im Süden des Landes schwach verteilt, in der Mitte und im Norden dichteres Vorkommen.

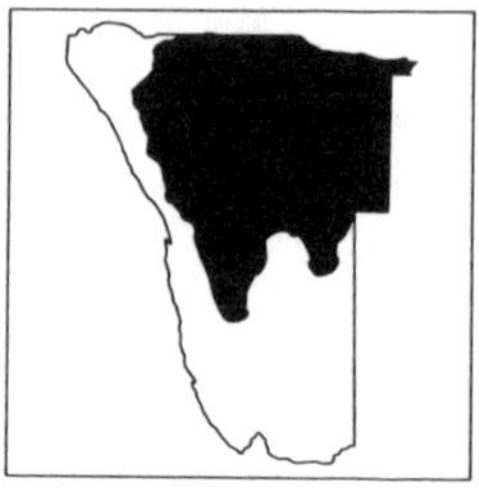

Gewicht:	45–55 kg
Schulterhöhe:	70 cm
Länge:	1,46 m
Tragzeit:	90 Tage, 2–4 Welpen

Jagdbar.

Erdwolf *Proteles cristatus*

Engl.: Aardwolf; Afrik.: Maanhaarjakkals; Herero: Ekundi; Ovambo: Ekundja

Der Erdwolf ist ein etwa fuchsgroßes Tier von hyänenartigem Aussehen. Er wird unter den Hyänen als Vertreter einer eigenen Familie angesehen. Darauf deutet auch die besondere Ernährungsweise hin.

Auffallend ist die hohe, wehende Rückenmähne, die ihm bei den Buren den Namen Maanhaarjakkals (Mähnenschakal) eingetragen hat. Die Färbung ist gelbbraun mit langen, schwarzen Querstreifen, fast dunkle Gesichtsmaske, Läufe dunkel gestreift.

Der Erdwolf ist ein harmloses Tier, das sich tagsüber in Erdferkelbauten verbirgt und gewöhnlich nur nachts unterwegs ist. Da die Zähne klein und die Kiefer schwach sind, besteht die Nahrung aus Kleinsäugern, Eidechsen, Käfern, Termiten und Kerbtieren.

Das Verbreitungsgebiet erstreckt sich mehr oder weniger über das ganze Land, wobei in Kalahari und im Sandveld das größte Vorkommen liegt, da im dortigen roten Sandboden die zahlreichsten Erdferkellöcher vorhanden sind.

Gewicht:	10 kg
Schulterhöhe:	45–50 cm
Länge:	60–70 cm
Tragzeit:	2 Monate, 2–4 Welpen

Geschützt.

Hyänenhund *Lycaon pictus*

Engl.: Cape Hunting Dog; Afrik.: Wildehond; Herero: Ohakana; Ovambo: Obizi

Der Hyänenhund oder Wilde Hund gehört zu den Canidae. Hyänenhunde rudeln sich zu großen Packs zusammen. Die Durchschnittsgröße eines solchen Packs schwankt zwischen 12 und 20 Tieren, oft auch mehr. Das Pack wird stets von einem Rüden als Kopfhund angeführt. Wenn Wildhunde Nachkommen haben, geht nur ein Teil der Tiere auf Jagd, der Rest bleibt bei den Welpen zurück, die in Erdhöhlen geworfen werden. Oft werden mehrere Würfe gemeinsam aufgezogen.

Die Jagd ist wie bei den Wölfen organisiert: ein Beutetier wird von seinem Rudel abgesprengt und wechselweise gehetzt, bis seine Kräfte versagen. Der erste Hund reißt das Stück zu Boden, die übrigen fallen in Sekundenschnelle darüber her. In Kürze ist das Stück zerfetzt und zerrissen. Das Fleisch wird gierig verschlungen. Das geschieht so schnell, daß die Tötung durch Hyänenhunde weniger grausam ist als durch Raubkatzen. Wenn das vollgefressene Pack dann zu den Welpen zurückkehrt, wird von jedem Rudelmitglied eine Portion des Fleisches den Welpen vorgewürgt.

Der Hyänenhund ist von eleganter Bauart. Lange federnde Läufe befähigen ihn zum ausdauernden Hetzen. Im Gegensatz zum Geparden ist er ausgesprochener Langstreckenläufer.

Der Rücken ist lang und biegsam, der Kopf breit und schwer mit großen hochstehenden Lauschern. Die Behaarung ist rauh. Der Balg zeigt ein lebhaftes und variables Farbmuster: schwarz, weiß, rot, gelb. Jeder Hund ist individuell gezeichnet. Nur die Quaste am Ende der Lunte ist bei allen Hunden weiß.

Aus dem Farmland sind die Hyänenhunde weitgehend verschwunden. Doch immer wieder tauchen vorübergehend jagende Rudel auf Farmen auf, wo sie erheblichen Schaden unter dem Vieh anrichten. Durch den ständigen Wechsel ihrer Beutereviere sind sie entsprechend schwer zu bejagen. Die beste Methode ist, ihrem glockenartigen Ruf zu folgen und dabei diesen ab und zu zu beantworten, da versprengte Rudel sich auf diese Weise wieder zusammenrufen. Die Tiere stehen meist auf den Ruf zu.

In Gefangenschaft werden Wildhunde sehr bald zahm und zutraulich.

Verbreitungsgebiet ist der ganze Norden, nördlich des besiedelten Farmlandes, ein Teil des Damaralandes, das Kaokoveld und der Rand der Kalahari.

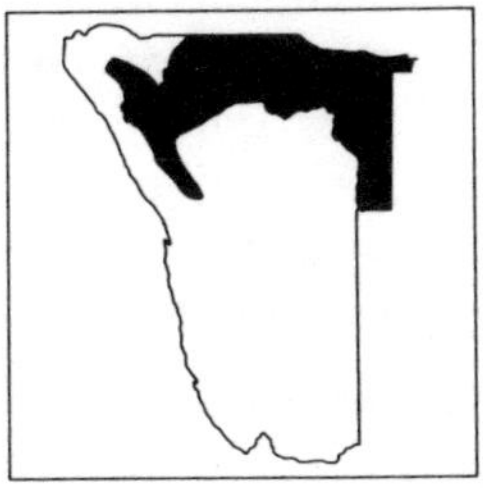

Gewicht:	28–30 kg
Schulterhöhe:	60–70 cm
Länge:	1,48 m
Tragzeit:	65 Tage, 6–10 Welpen

Jagdbar.

Schabrackenschakal *Canis mesomelas*

Engl.: Black-backed Jackal; Afrik.: Rooijakkals; Herero: Ombanji; Ovambo: Ombanje

Der Schabrackenschakal ähnelt in seiner Lebensweise den Füchsen. Wegen des Schadens, den er unter dem Kleinvieh anrichtet, ist er in den

südlichen Gebieten, die rein auf Schafhaltung eingestellt sind, durch das System der schakalsicheren Einzäunung nahezu ausgerottet worden. Im Norden, wo er für das Großvieh keine Gefahr darstellt, kommt er noch recht häufig vor.

Der Balg ist rotbraun bis gelb, Bauchseite und Kehle sind weiß, der Rücken trägt eine schwarzgraue Schabracke. Der Fang ist spitz und lang, die Lauscher stehen aufrecht empor.

Der Schakal ist ein eifriger Mäusejäger und Vertilger von Kleinsäugern, Eidechsen und Kerbtieren, daneben frißt er auch Beeren und Feldfrüchte. Er jagt vorzugsweise in der Dämmerung und nachts, ist aber auch tagsüber im Feld anzutreffen und besucht in der Mittagsstunde gerne die Staudämme und Wasserstellen, um dort zu schöpfen.

Bejagt wird er durch Ansitz an einem Luderplatz oder Riß, oder durch Reizen mit der Mausepfeife. In der Ranzzeit im Juni/Juli kann man ihn gut mit seinem eigenen heulenden Ruf und Bellen heranlocken.

Verbreitungsgebiet ist das ganze Land, mit Ausnahme der südlichen Karakuldistrikte. Ein starkes Vorkommen ist direkt entlang der Antlantikküste, wo die Schakale ausschließlich von den Kadavern angeschwemmter Robben und Fische leben.

Gewicht:	8–9 kg
Schulterhöhe:	40 cm
Länge:	1,00–1,05 m
Tragzeit:	65–70 Tage,
	3–6 Welpen

Jagdbar.

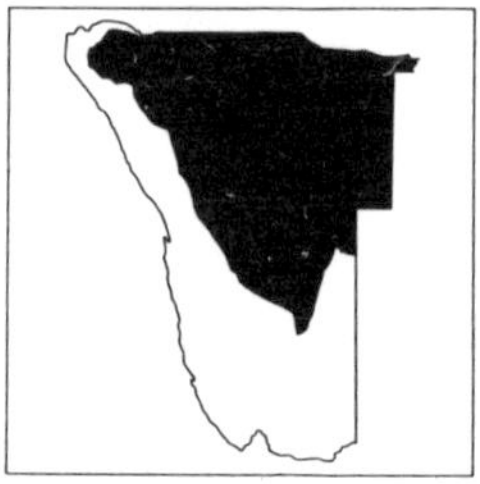

Kapfuchs *Vulpes chama*

Engl.: Silver Fox; Afrik.: Silwerjakkals; Herero: Ombanje Kalalunga; den Ovambos unbekannt.

Der Kapfuchs ist kleiner als der Schabrackenschakal. Er ist vollkommen fuchsähnlich.

Der Balg ist im Grundton rotgelb mit überliegendem weichen Silberhaar. Die lange Lunte ist buschig und endet in einer schwarzen Spitze, Kehle und Bauchseite sind hell. Der Fang ist fein und spitz, die Lauscher sind groß und hochgestellt.

Der Kapfuchs ist ein harmloser Jäger. Die Beute besteht aus Insekten, Kleinsäugern, Vögeln und verschiedenen Pflanzenteilen.

Die Verbreitung liegt in den südöstlichen Gebieten, vor allem Kalahari und Sandveld.

Gewicht:	4 kg
Schulterhöhe:	30 cm
Länge:	85 cm
Tragzeit:	60 Tage, 3–5 Welpen
Lebenserwartung:	10 Jahre

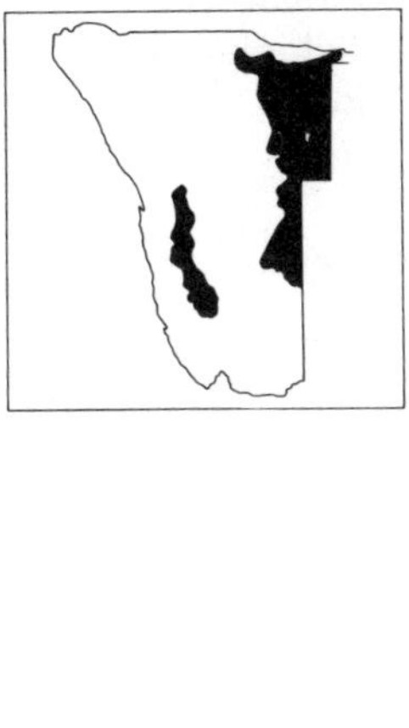

Geschützt.

Löffelhund *Otocyon megalotis*

Engl.: Delalandes Fox; Afrik.: Bakoorjakkals; Herero: Okata-ka-ha; Ovambo: Okalimba

Der fuchsähnliche Löffelhund ist klein, langbeinig, mit kurzem Fang und übergroßen, dreieckigen Gehören. Der graue Balg zeigt gelblichen oder silberhellen Anflug, das Haar ist lang und weich. Die Spitzen der Gehöre sind schwarz. Das Gesicht zeigt eine schwarze Maske, die Vorderseite der Läufe sowie das Ende der Lunte sind ebenfalls schwarz. Löffelhunde gesellen sich gerne zu Gruppen von 6 bis 8 Stück zusammen, die auch tagsüber eifrig Jagd auf Heuschrecken, Termiten und andere Insekten machen. Kleine Bodenbrüter werden ebenfalls genommen.

Verbreitung nahezu über das ganze Land.

Gewicht:	3½–4 kg
Schulterhöhe:	35–40 cm
Länge:	85 cm
Tragzeit:	65 Tage, 3–4 Welpen
Lebenserwartung:	10 Jahre

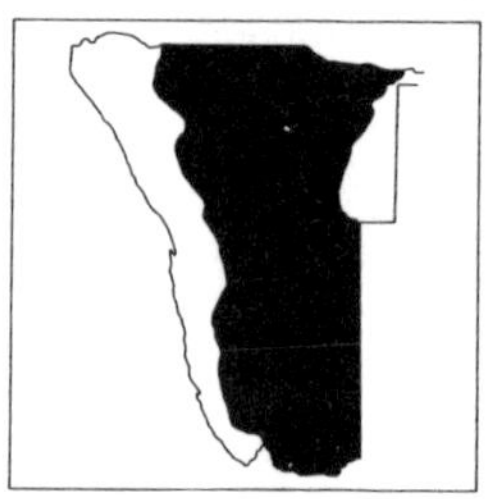

Geschützt.

Erdferkel *Orycteropus afer*

Engl.: Antbear; Afr.: Erdvark; Herero: Ondjimbndjimba; Ovambo: Jamajama.

Das Erdferkel ist ein ausgesprochenes Nachttier, in großen Trockenjahren, wenn die Nahrung knapp wird, kann man ihm auch am Tage begegnen. Es gehört zu den Röhrenzähnern. Seinen Namen hat es wegen des schweineartigen Aussehens. Der Körperbau ist massig und plump. Der Rücken ist hoch gewölbt, der Schwanz an der Wurzel dick, zur Spitze hin verjüngt er sich konisch. Auf dem langen Kopf mit der sehr langen rüsselartig zulaufenden Schnauze stehen die riesigen tütenartigen Lauscher senkrecht empor. Gehör und vor allem der Geruchsinn sind überaus fein ausgebildet, so daß das Tier seine Hauptnahrung, die Termiten und deren Brutstellen, durch den Boden hindurch wahrnimmt. Mit seinen scharfen Grabkrallen ist es imstande, sich ungeheuer schnell in die Erde einzugraben, und in der Tat kann man es buchstäblich im Boden verschwinden sehen.

Erdferkel graben sich tiefe Baue in den Boden, die meist mehrere, oft bis zu 10 Zugänge haben, die konzentrisch zu einem großen Kessel führen. Da stets mehrere Baue in weitem Umkreis gegraben und wechselseitig bewohnt werden, werden diese von vielen anderen Tieren, wie Schakal, Warzenschwein, Eulen, Schlangen und anderen mehr, als Unterschlupf bezogen. Die Tiefe solcher Baue reicht bis zu 7 m unter die Erde.

Nahrung sind ausschließlich Termiten, Ameisen und deren Larven und Eier. Mit den muskulösen, sehr starken Oberarmen, an denen die sichelförmigen Grabkrallen sitzen, bricht es jeden Termitenhaufen auf und holt sich mit der sehr langen wurmartigen Zunge, die mit einem klebrigen Schleim überzogen ist, seine Nahrung aus den gewundenen Röhrengängen. Die Zunge wird in eine röhrenartige Rinne zurückgezogen, die bis tief in die Kehle reicht.

Die Farbe ist grau-braun, die lederartige Haut mit Borsten dünn besetzt.

Seine Verbreitung erstreckt sich über ganz Südwest.

Gewicht:	70 kg
Länge:	170 cm
Tragzeit:	7 Monate, 1 Junges
Lebenserwartung:	7–8 Jahre

Geschützt.

Steppen-Schuppentier *Manis temmincki*

Engl.: Cape Pangolin; Afr.: Ietermagog; Herero: Ongaka; Ovambo: Jiofelus

Das Schuppentier ist ebenfalls ein reines Nachttier und zählt zu den Röhrenzähnern. Der Körper ist, mit Ausnahme der Unterseite, mit rundlichen Hornschuppen überzogen, die sich von der Nase bis zur Schwanzspitze hinziehen. Es läuft mit seinen kurzen Beinchen eilig dahin und sieht aus wie ein wandelnder Tannenzapfen. Die Farbe ist erdbraun.

Im Gefahrenmoment rollt das Tier sich zu einer Kugel zusammen und schützt sich durch die harten Schuppen wie mit einem Panzer. Die Schuppen können durch sehr starke Muskeln einzeln bewegt werden, und wer ein Schuppentier vom Boden aufhebt, kann seine Finger bis zum Knochen durchgezwickt bekommen. Das Sehvermögen ist gering, dafür sind Gehör und Geruch um so schärfer entwickelt.

Das Schuppentier lebt in selbst gegrabenen Bauen, die es mit seinen drei scharfen Klauen gräbt.

Die Nahrung besteht ausschließlich aus Termiten, Ameisen und deren Eiern, von denen es täglich bis zu einem Pfund zu sich nimmt. Wie bei allen Röhrenzähnern dient auch hier die lange, klebrige Zunge zur Nahrungsaufnahme.

Seine Verbreitung erstreckt sich über ganz Südwest.

Gewicht:	8 kg
Länge:	100 cm
Tragzeit:	unbekannt, 1 Junges
Lebenserwartung:	7 Jahre

Geschützt.

Primaten

Tschakma oder Bärenpavian *Papio ursinus*

Engl.: Chacma baboon; Afr.: Bobbejaan; Herero: Ondjima; Owambo: Lunghima.

Den Bärenpavian, der weder zu den jagdbaren noch zu den geschützten Wildarten gehört, habe ich deswegen aus der Erstausgabe bewußt weggelassen. Er ist jedoch aus der Reihe der Primaten der einzige, der dem Gastjäger häufig begegnen wird. Seine interessante Lebensweise läßt es wert erscheinen, sich eingehend mit ihm zu befassen.

Hierzulande zählt er, leider, zu den sogenannten Problemtieren. Er genießt daher keinen Schutz und wird, wegen der Schäden, die er häufig auf Farmen anrichtet, stark verfolgt. Dabei richtet er in der Natur überhaupt keinen Schaden an. Die Schäden betreffen hauptsächlich die Einrichtungen der Menschen auf den Farmen, da er oft die so wichtigen Wasseranlagen beschädigt, indem er Plastikleitungen aufreißt, an Wasserhähnen herumspielt und dadurch die Bassins leerlaufen. Er verschleppt alles, was an Pumpanlagen nicht niet- und nagelfest ist oder unverschlossen herumliegt. Außerdem fällt er ab und zu in Obst- und Gemüsegärten ein, um diese nach Herzenslust zu plündern. Dadurch ist er bei den Farmern in argen Mißkredit geraten.

Die Hauptnahrung des Pavians besteht aus Gräsern und Kräutern sowie allerhand Wurzeln. Blätter verschmäht er. Er ist jedoch kein ausgesprochener Vegetarier, denn er verzehrt an Insekten wie Heuschrecken, Termiten und Käfern alles, was er nur kriegen kann. Besonders eifrig sucht er nach Skorpionen, weswegen eine Horde von Pavianen ganz systematisch einen Berghang absucht und Stein für Stein umdreht, dabei werden häufig Steine in die Fahrspur der Farmpad gerollt, das verschafft dem Farmer neuen Ärger. An Fleischnahrung nimmt der Bärenpavian lediglich das zu sich, was er gerade erwischen kann. Das sind Eidechsen, Frösche, Mäuse sowie Hasen und geringe Kitze, die sich im Gefahrenmoment totstellen. Ein Jäger ist der Pavian jedoch nicht.

Das Sozialverhalten ist erstaunlich und hat so manchen Verhaltensforscher (Eugene Marais, Prof. Lorenz) fasziniert. Als Primaten haben die Paviane, wohl als eine der ersten Spezies, den Baum verlassen und sich vom Wald in die offene Ebene und ins unbewaldete Gebirge begeben. Als völlig hilfs- und wehrlose Wesen konnten sie sich nur in der Gemeinschaft, als sich gegenseitig schützende Horde, behaupten. So haben sie ein Sozialsystem entwickelt, das ihre Existenz sicherte.

Die Bärenpaviane leben in Horden verschiedener Größenordnung zusammen und bilden auf diese Weise ein durchaus wehrhaftes, ja sogar respektables Gefüge. Die Horden haben ihre Schlafplätze hoch in den Kränzen zerklüfteter Gebirgszüge oder hoch im Geäst dornenbewehrter Bäume, wo sie für ihre ärgsten Feinde, die Leoparden und andere Großkatzen, unerreichbar sind. Mit Tagwerden verlassen sie die Schlafstellen und gehen geschlossen auf Nahrungssuche. Dabei befinden sich die Mutterpaviane mit ihren Kleinen im Zentrum der Horde, während die jungen, ranggeringeren Männchen die Vorhut bilden. Das ranghöchste Männchen, der Pascha der Horde, der eine rigorose Herrschaft ausübt, bildet den Abschluß und deckt den Rücken. Während der Nahrungssuche werden Wachen aufgestellt, meist auch von Männchen, die für Sicherheit sorgen und bei geringstem Verdacht durch lautes Bellen warnen. Das Sehvermögen der Paviane ist unglaublich scharf. Sie entdecken jedes sich bewegende Lebewesen auf Kilometerentfernung.

Kein Leopard oder Gepard würde es wagen, in eine solche Horde einzudringen. In ihren Händen haben die Paviane eine ganz gefährliche Waffe, und schon mancher Hund hat sein Leben lassen müssen, indem er buchstäblich in Fetzen gerissen wurde. Dazu kommt das unheimlich starke Gebiß mit daumenlangen Reißzähnen.

Dem Gastjäger habe ich vom Abschuß eines Pavians immer abgeraten. Es ist erstens kein schönes oder freudiges Erlebnis, und außerdem hat der Gast keinerlei Trophäe, denn die Einfuhr des Schädels oder des Felles ist verboten, da es sich um einen Primaten handelt. Auch die Eingeborenen sind, aus Gründen ihres Aberglaubens, nicht oder nur sehr ungern bereit, einen toten Pavian überhaupt nur anzufassen, geschweige denn die Trophäe herzurichten.

Gewicht	± 25 kg
Größe	100 cm, aufgerichtet
Tragzeit	bis 190 Tage
Lebenserwartung	45 Jahre
Feinde:	Löwe, Leopard, Gepard für versprengte große Affen und Adler für kleine Äffchen

Trittsiegel

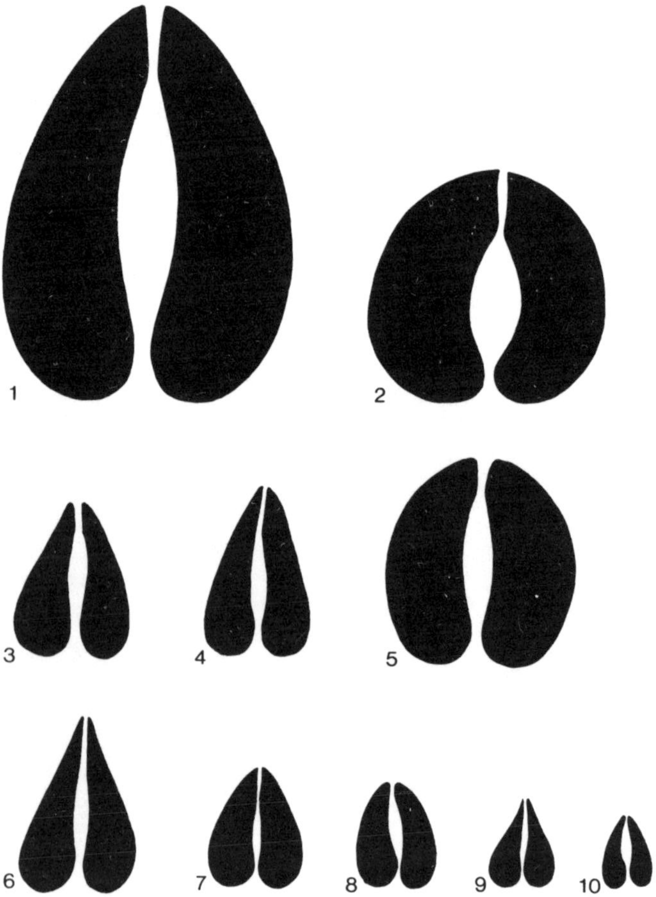

1 Giraffe
2 Kaffernbüffel
3 Streifengnu
4 Kuhantilope
5 Elenantilope
6 Afrikanischer Spießbock
7 Großer Kudu
8 Impala
9 Springbock
10 Kronenducker

1 Steppenzebra
2 Bergzebra
3 Warzenschwein
4 Klippspringer
5 Steinbock
6 Dikdik
7 Strauß

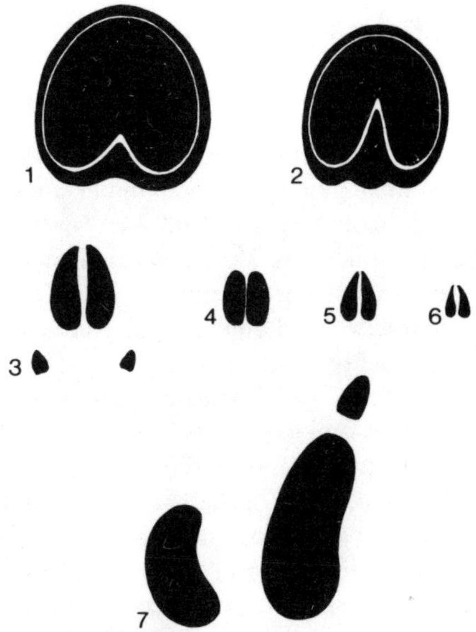

8 Löwe
9 Leopard
10 Karakal
11 Falbkatze
12 Gepard
13 Hyäne
14 Hyänenhund
15 Schakal
16 Honigdachs

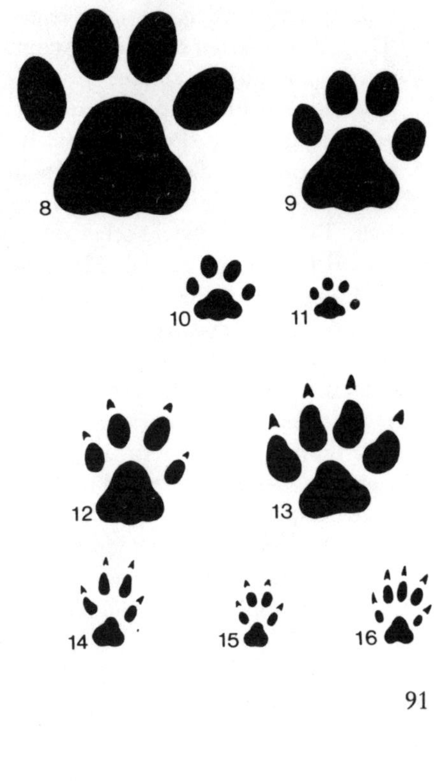

Jagdbares und geschütztes Flugwild

Afrika ist heute das Ziel vieler Jäger und Touristen. Südwestafrika/Namibia gewinnt dabei immer mehr an Bedeutung. Doch wer von Jagdtouristik spricht und wer Jagdgäste nach hier einlädt, der schildert gewöhnlich das Vorhandensein vieler Antilopenarten. Er nennt auch Zebra und Warzenschwein, den Vogel Strauß und der Reihe nach das eventuelle Vorkommen von Raubwild bis hinauf zum Löwen. Vom Flugwild redet kaum jemand.

Dabei sind die wirklich passionierten Jagdgäste vielfach gute Flintenschützen und haben eine Vorliebe für Flugwild, vor allem für Arten, die es in Europa nicht gibt. Wir besitzen in Südwestafrika/Namibia eine große Zahl jagdbarer Vögel, die es wert sind, beachtet zu werden.

Damit soll jedoch nicht einer stärkeren Bejagung das Wort gesprochen werden, sondern nur zum Ausdruck kommen, daß unser Flugwild das gleiche Anrecht darauf hat, waidgerecht bejagt zu werden, wie unser Großwild, daß es das gleiche Recht hat, in eine sinnvolle Hege mit einbezogen zu werden, wie jedes andere Wild auch.

Die meisten Arten sind bodenständig. Nur ein geringer Teil kommt als Zugvogel von Europa zu uns.

Die Jagd auf Flugwild hat waidgerecht zu geschehen. Das Schrot muß genügend stark sein. Perlhühner z. B. kann man nicht mit dem dünnen Schrot beschießen, das man für Flughühner verwendet. Für die Jagd auf Flugwild sollte auch immer ein gut eingearbeiteter Hund zur Verfügung stehen. Er ist zur Nachsuche auf geflügeltes oder geständertes Wild unerläßlich. Die Hege des Flugwildes darf sich nicht allein auf die Einhaltung der Schonzeit beschränken. Man soll an Stellen des Revieres, an denen sich vorzugsweise Gelege befinden, für Brutruhe sorgen. Man muß Kinder, unvernünftige Erwachsene und auch Hunde von solchen Gebieten fernhalten. In Notzeiten wird der Jäger dem Wild durch Verabreichung von Körnerfutter helfen. Dem Wasserwild werden künstliche Nistkästen errichtet. An Dämmen und offenen Wasserstellen sorgt der Heger durch Anbau von Schilf und Ried für Deckung. Das sind nur einige wenige Beispiele für die Hege des Flugwildes.

Zur Bejagung sei als Grundsatz gesagt: Mit der Flinte ist nur der Schuß auf streichendes Flugwild gestattet. Der Schuß auf ruhendes oder aufgebaumtes Wild gilt als unwaidmännisch. Weiter ist zu beachten, daß nur einzeln streichende Stücke beschossen werden, daß niemals in einen streichenden Flug gehalten werden darf. Der Schuß in ein streichendes Volk, der zwei bis drei Stücke herunterholt, ist ein Schlumpschuß. Der Schuß in ein sitzendes Volk Flughühner, der hier leider oft angewandt wird, muß jagdlich völlig abgelehnt werden. Er gehört in das Gebiet der Aasjägerei; denn geständerte und schwer krankgeschossene Tiere sind die unausbleibliche Folge. Wer mit der kleinkalibrigen Büchse schießt, kann stehende oder aufgebaumte Tiere mit sauberem Schuß erlegen. Es ist aber gegen Gesetz und Waidgerechtigkeit, Hühner von ihrem Schlafbaum zu schießen.

Strauß *Struthio camelus* (1)*

Engl.: Ostrich; Afrik.: Volstruis

Den Strauß muß man in der Reihe der bedingt jagdbaren Tiere gesondert aufführen. Als Vogel von großem Ausmaß kann man ihn zum Flugwild kaum rechnen, da er völlig flugunfähig ist. Wir haben es hier mit einem ausgesprochenen Laufvogel zu tun. Die langen Ständer mit muskulösen Oberschenkeln enden in zwei Zehen, von denen die innenliegende mit einem langen, dornartigen Nagel versehen ist. Dies ist eine wirksame Waffe gegen seine wenigen Feinde, die der Strauß mit weitausholenden Schlägen und Tritten abwehrt.

Das Federkleid besteht aus weichen, flaumartigen Federn, die an Flügel und Stoß verlängert sind. Der Straußenhahn trägt tiefschwarze Federn; Flügel und Stoßfedern sind reinweiß. Die Henne ist einfarbig grau bis bräunlich. In der Balzperiode zeigt der Hahn eine starke Rötung an Schnabel und Ständern.

Die Henne legt 10 bis 15 rundliche, sahnefarbene Eier in eine gescharrte Bodenmulde. Die Eier werden abwechselnd von den Elterntieren bebrütet. Die Küken werden bald nach dem Trockenwerden von den Eltern ins Feld geführt.

In den ersten Wochen ist der Schabrackenschakal der größte Feind der jungen Strauße.

Strauße ernähren sich hauptsächlich von Knollenpflanzen und Kräutern, nehmen daneben reichlich Steine und unverdauliche Gegenstände auf.

Das Verbreitungsgebiet des Straußes ist die offene, weite Steppe, weite Flächen und die Randgebiete der Wüsten.

Gewicht:	bis 145 kg
Höhe:	2,30–2,50 m
Brutdauer:	42 Tage

Geschützt. Darf nur mit Permit gejagt werden.

* Die beim Flugwild in Klammern gesetzten Zahlen beziehen sich auf die in Roberts, Birds of Southafrica, genannten Arten.

Helmperlhuhn *Numida meleagris* (192)

Engl.: Crowned Guineafowl; Afrik.: Tarantaal

Von den Wildhühnern kommt hier das Helm- oder Damaraperlhuhn vor. Perlhühner sammeln sich zu starken Völkern von 40 bis oft über 100 Stück. Ihr Lockruf oder das leise Vorsichhingirren verrät dem Jäger ihren Standort.

Wie alle Hühnervögel sind sie Bodenbrüter und Nestflüchter. Die Hennen führen ihre Gesperre gesondert bis zu Starengröße, dann vereinen sich die Gesperre der verschiedenen Paare und bilden so die großen Völker.

Das Gefieder ist hell bis dunkelgrau mit unzähligen runden, weißen Punkten übersät, den Perlen, die dem Vogel den Namen geben. Backen und Hals sind unbefiedert, hellblau mit dunkelblauen Zipfeln, deren Spitzen tiefrot sind. Auf dem Kopf sitzt ein hornartiger Helm, der in eine gekrümmte Spitze ausläuft und eine Drohwaffe vortäuscht.

Die Bejagung erfolgt durch Suche mit dem Hund oder durch Anpirschen, indem der Jäger dem Ruf folgt und sich dann vor ihnen ansetzt. Direktes Anpirschen halten sie selten aus. Perlhühner laufen lieber als daß sie streichen. Zum Aufstöbern und Hochmachen ist besonders der Dackel geeignet. Beim Bejagen soll man die großen Paarhühner schonen, die Junghühner schießen, kenntlich am gerade angedeuteten Helmhorn. Sie sind für die Küche geeigneter, dem Volk bleiben die Althühner erhalten.

Perlhühner bringen dem Farmer großen Nutzen, da sie besonders eifrige Ungeziefervertilger sind und mit Vorliebe Heuschrecken aufnehmen.

Das Verbreitungsgebiet ist ganz Südwest, mit Ausnahme der offenen Kalahari oder der Namibflächen.

Gewicht:	1–1,5 kg
Größe:	ca. 58 cm
Brutdauer:	27 Tage

Jagdbar.

Rotschnabel-Frankolin *Francolinus adspersus* (182)

Engl.: Red-billed Francolin; Afrik.: Rooibek-fisant

Das Rotschnabel-Frankolin, im Volksmund als Sandhuhn bezeichnet, bevölkert fast alle baumbestandenen Trockenflußränder. Es ist ein schlechter Flieger. Unstet und unruhig läuft es mit eiligen Trippelschritten und drückt sich im Gefahrenmoment geschickt ins dicke Gewirr des Ufergesträuches. Mit lauter, durchdringender Stimme kündigt es morgens und abends sein Ab- und Aufbaumen an. Lieblingsaufenthalt sind die verfilzten Zweige der Fallbäume, unter denen es sich gut verbergen kann.

Das Gefieder ist erdbraun gesperbert, Augen gelb umrandet, Schnabel rötlich, Ständer orangerot. Äsung: Saat, Beeren und Insekten.

Die Bejagung geschieht mit einem kleinen Hund, der die Hühner aufstöbert und zum Aufbaumen bringt, wobei er sie heftig verbellt. Dann kann man sie gut mit der Kleinkaliberbüchse schießen. Auch der Ansitz früh und abends am Uferrand ist lohnend, da sie gerne an bestimmten Stellen im Sand hudern. Auch da schießt man sie mit der KK-Büchse.

Größe:	38 cm
Brutdauer:	33 Tage

Jagdbar.

Swainsonfrankolin *Francolinus swainsoni* (185)

Engl.: Swainson's Francolin; Afrik.: Bosveldfisant

Auffallend ist beim Swainsonfrankolin die feuerrote unbefiederte Kehle. Das Vorkommen beschränkt sich auf bewachsenes, bergiges Buschfeld. Der Vogel setzt sich mit Vorliebe auf hohe Termitenhaufen, Baumstümpfe oder Pfähle, um Überblick zu gewinnen, und springt bei Annäherung zu Boden, flüchtet geduckt im Gras weg, um sich zu verstecken.

Gefieder erdfarben, Schnabel und Kehle rot, Ständer schwarz-braun. Verbreitungsgebiet: die Bergwelt um Omaruru, Otjiwarongo und der Waterberg, ferner das Kaokoveld.

Höhe: 33–35 cm
Brutdauer: 33 Tage

Jagdbar.

Rebhuhnfrankolin *Francolinus levaillantoides* (179)

Engl.: Orange River Partridge; Afrik.: Kalahari Patrys

Das Rebhuhnfrankolin hält sich gern an Berghängen auf. Dort wird die besonnte Seite bevorzugt. Es sammelt sich zu Völkern von 6 bis 8 Stück und versteht es meisterhaft, sich ins hohe Gras zu drücken. Da es in der Deckung gut hält, ist es mit dem feinnasigen Vorstehhund gut zu bejagen.

Das Gefieder ist ein helles Gelbbraun mit kastanienbrauner Sperberung auf der Brust. Die Augen sind hellcremefarben umrandet. Die Kopffedern können in Erregung gespreizt werden. Die Ständer sind fleischfarben. Nahrung sind Knollen, Beeren, Saat und kleine Kerbtiere.

Verbreitungsgebiet: der bergige Mittelstreifen nördlich von Rehoboth, westlich bis Namibrand, östlich bis Kalaharirand.

Größe:	36 cm
Brutdauer:	33 Tage

Jagdbar.

Hartlaubfrankolin *Francolinus hartlaubi* (184)

Engl.: Coqui; Afrik.: Swempie-patrys

Diese Berghühnchen sind die kleinsten Vertreter ihrer Art. Sie halten sich auf den Gipfeln der felsigen Berge auf, wo sie in der Sonne herumlaufen. Selten kommen sie ins Tal. Als Frühaufsteher begrüßen sie den dämmernden Morgen mit lockenden, melodischen Rufen, wobei sie eifrig auf den Felsnasen herumtrippeln. Sie scharen sich zu Ketten von höchstens 6 Stück zusammen. Vor Menschen flüchten sie zur nächsten Bergspitze und suchen Schutz in den Felsspalten. Ihr Schrecklaut ist ein helles Piepsen.

Das Gefieder ist dunkelbraun gesprenkelt, die Brust weinrot. Der Kopf ist ockerfarben mit rostbraunem Scheitel, durch die Augen führt ein dunkler Strich. Nahrung sind feine Saat und Insekten. Der Volksmund nennt sie „Pater Philipp". Der Jäger freut sich eher an ihnen, als daß er sie bejagt.

Vorkommen in allen felsigen Gebirgsstöcken des Landes.

Größe: 28 cm
Brutdauer: 33 Tage

Jagdbar.

Flughühner

Flughühner werden oft fälschlich als Wachteln bezeichnet. Trotz ihres rebhuhnartigen Aussehens gehören sie nicht zu den Hühnern. Sie sind taubenartige Bodenbrüter. Das männliche Flughuhn trägt den Küken das Wasser in seinem Gefieder zu. Man kann beobachten, wie die Männchen ins Wasser laufen, sich dort plustern, mit den Schwingen schlagen, um das Wasser in das Gefieder zu schöpfen. Die Küken trinken dann das Wasser aus dem Gefieder.

Namaflughuhn *Pterocles namaqua* (307)

Engl.: Namaqua Sandgrouse; Afrik.: Kekiewyn

Das Nama- oder Spießflughuhn bevölkert annähernd das ganze Land, vorwiegend wird aber der Südosten bevorzugt. Nach Taubenart ziehen die Flughühner in pfeilschnellem Flug zum Wasser. Sie sammeln sich zu großen Flügen bis zu 20 Stück und mehr. Nur in der Brutperiode ziehen sie paarweise. Als bester Flieger unter dem Flugwild verlangen sie vom Flintenschützen gewandtes und schnelles Schießen. Der Schütze setzt sich am besten in einiger Entfernung vom Wasser an, um sie beim Anflug in noch genügender Höhe zu beschießen.

Das Gefieder ist gelbbraun, beim männlichen Vogel mehr olivfarben. Die weiblichen Vögel sind einfarbig, die männlichen tragen ein dunkelbraunes Hufeisen auf der Brust. Das Namaflughuhn trägt im Stoß eine spießförmige Feder, die ein beliebter Schmuck für den Jägerfilz ist.

Die Nahrung ist grobe Körnersaat.

Größe:	28 cm
Brutdauer:	16 Tage

Jagdbar.

Fleckenflughuhn *Pterocles burchelli* (308)

Engl.: Spotted Sandgrouse; Afrik.: Gevlekte Sandpatrys

Das Fleckenflughuhn belebt hauptsächlich die Kalahari. Es zieht vormittags zum Wasser und ist an seinem eintönigen Lockruf zu erkennen.

Das rotbraune Gefieder tarnt die Vögel gut im roten Sand. Um die Augen tragen sie einen gelben Ring, auf den Spitzen der Federn schiefergraue Spiegelflecken.

Das Hauptverbreitungsgebiet liegt im Osten in den Ausläufern der Kalahari und im Sandveld bis hinauf zum Caprivi-Zipfel. Sie streichen jedoch bis weit in die Mitte des Landes hinein.

Größe: 28 cm
Brutdauer: 16 Tage

Jagdbar.

Gelbkehlflughuhn *Pterocles gutturalis* (309)

Engl.: Yellow-throated Sandgrouse; Afrik.: Geelkeel-sandpatrys

Das Gelbkehlflughuhn ist das größte der afrikanischen Flughühner. Das Vorkommen beschränkt sich auf den östlichen und nordöstlichen Landesteil. Im Gegensatz zu den übrigen Flughühnern zieht das Gelbkehlflughuhn paarweise oder höchstens als kleine Kette von 6–8 Stück. Der Zug zum Wasser erfolgt nicht regelmäßig, sondern sporadisch.

Das Gefieder ist auf der Unterseite rotbraun, auf dem Rücken taubengrau. Die weiblichen Vögel sind dunkel gesprenkelt, die männlichen haben einen hellen, leicht grünlich scheinenden Kopf. Vom Augenwinkel zum Schnabel führt ein schwarzer Strich, um die gelb-bräunliche Kehle zieht sich ein schwarzes Band.

Ihre Verbreitung reicht von der Kalahari bis zum Caprivi-Zipfel, entlang der Nordgrenze bis ins Kaokoveld und von dort südlich ins Damaraland.

Größe:	33 cm
Brutdauer:	16 Tage

Jagdbar.

Nachtflughuhn *Pterocles bicinctus* (310)

Engl.: Double-banded Sandgrouse; Afrik.: Dubbelband Sandpatrys

Die Nachtflughühner beleben den ganzen Norden, vor allem das Kaokoveld. Die Farbe des Gefieders ist ein gelbliches Olivgrün, jede Feder trägt eine helle Spitze. Die Hähne besitzen einen schwarz-weißen Riegel über der Stirn, auf der Brust zeigen sie ein schwarz-weiß-orangefarbenes Band. Die weiblichen Vögel sind einfarbig dunkel gesperbert.

Die Nachtflughühner ziehen erst in der späten Dämmerung, lange nachdem die Sonne untergegangen ist, zu den Wasserstellen, wo sie sich in unvorstellbaren Mengen sammeln. Dieser Abendstrich dauert 10 bis 15 Minuten. Während dieser Zeit ist die Luft erfüllt von ihrem eifrigen Locken und dem dröhnenden Schwirren der Schwingen. Sie fallen im Sturzflug wie Steine ein. Die Eingeborenen haben sich dies zunutze gemacht, indem sie Stangen senkrecht in die Erde rammen oder Drähte spannen, an denen die Vögel, die das Hindernis nicht erkennen, zerschellen. Mir flogen an einem Abend zwei der Vögel gegen den senkrecht gehaltenen Gewehrlauf und ein Vogel an den Kopf. Alle drei waren auf der Stelle tot.

Nachtflughühner kann man nur auf dem Anflug gegen den düsteren Abendhimmel schießen. Der Schuß ist schwierig.

Größe: 25 cm
Brutdauer: 16 Tage

Jagdbar.

Tauben

Als nächste Art in der Reihe des Nutzwildes kommen die Tauben. An Tauben beherbergt Südwest eine große Zahl an Arten und Unterarten. Doch von der schwalbengroßen Nama-Taube bis zu der hellgrauen Capschen-Ringeltaube kommt keine zur Bejagung in Frage. Die einzige Taube, die zu bejagen sich lohnt, ist die brieftaubengroße Guineataube.

Guineataube *Columba guinea* (311)

Engl.: Rock Pigeon; Afrik.: Bosduif

Die Guineataube, oft fälschlich als Felsentaube bezeichnet, kommt überall vor, wo Felswände mit Simsen und Vorsprüngen das Nisten gestatten.

Das Gefieder ist schiefergrau mit einem Stich ins rötliche. Die Augen sind mit einem gelben Ring umsäumt, der wiederum rot umrandet ist. Schnabel und Ständer sind rosa. Es werden zwei Eier gelegt.

Diese Tauben scharen sich zu großen Flügen zusammen, die sich tagsüber im weiten Gelände verstreuen, um Saat und Körner aufzupicken. Am frühen Morgen und am späten Abend ziehen sie zu den Wasserstellen. Die Flüge zählen oft 20 bis 50 Stück. Die Zugzeiten liegen kurz vor Sonnenauf- und Sonnenuntergang, doch ziehen sie auch manchmal zur Mittagszeit zum Wasser.

Sie sind gute, gewandte und schnelle Flieger, können hervorragend äugen und vollführen blitzschnelle Schwenkungen in der Luft. Der Flintenschütze muß gut vorschwingen, wenn er Erfolg haben will.

Sie ist in allen südwester Gebirgen verbreitet, und auch an den Steilwänden des Fischflußcanons findet man sie.

Größe: 40 cm
Brutdauer: 15–17 Tage

Jagdbar.

Wasserwild

Für die Jagd spielt unser Wasserwild eine recht wesentliche Rolle. Außer Sumpfschnepfen und einigen Rallenarten kommen eine Reihe Gänse- und Entenarten vor, die fast alle Farmdämme und den stets wasserführenden Fischfluß beleben. In der Regenzeit, wenn die Vleie und Pfannen voll Wasser laufen, verteilt sich das Wasserwild über das ganze Land, doch nur dort, wo ständig Wasser ist, brütet es.

Besonders beim Wasserwild ist die Brut stark gefährdet, zumal es für sie nicht nur über dem Wasser, sondern auch im Wasser zahlreiche Feinde gibt. Da sind große Raubfische, wie z. B. die Welse, die mit Vorliebe Jungenten fressen. Ebenso gefährlich sind Wasserschildkröten, die den kleinen Enten die Ruder abbeißen oder das kleine Geschöpf unter Wasser ziehen. Deshalb sind besondere Hegemaßnahmen erforderlich, wie sie z. B. in der Kapprovinz bei Jonkershoek durchgeführt werden. Dort stellt man im flachen Wasser künstliche Nisthöhlen mit einem schwimmenden Brettchen als Einstieg auf. Nach der Reihzeit nimmt man die Eier des ersten Geleges heraus und brütet sie künstlich aus. Die Ente beginnt dann sofort mit dem zweiten Gelege, das man ihr beläßt. Auf diese Weise erzielt man einen doppelten Nachwuchs. Die künstlich aufgezogenen Jungenten kann man noch vor dem Flüggewerden aussetzen, sobald es auf dem Wasser befiederte Schofe gibt, an die sie sich anschließen. Die Jungenten sollten vorher beringt werden.

Afrikanische Bekassine *Gallinago nigripennis* (250)

Engl.: Ethiopian snipe; Afrik.: Afrikaanse Snip

Die Sumpfschnepfen leben so scheu und verborgen, daß viele Jäger sie noch nie zu Gesicht bekommen haben.

Sie sind etwas kleiner als ihre europäischen Vettern, haben fast die gleiche Zeichnung, nur tritt ein leicht goldbrauner Ton hervor. Mit ihrem langen Stecher suchen sie ihre Nahrung aus dem sumpfigen Boden am Rande der Flüsse und Staudämme.

Bisher nur an den Grenzflüssen Kunene und Okawango beheimatet, sind sie heute vielfach auch an den Dämmen der nördlichen Farmgebiete zu finden.

Größe:	27 cm
Brutdauer:	ca. 21 Tage

Geschützt.

Kamm-Bläßhuhn *Fulica cristata* (212)

Engl.: African Coot; Afrik.: Bleshoender

Von den Rallen ist das Bläßhuhn das bekannteste. Es belebt fast alle Staudämme. Eifrig rudert es auf der Wasserfläche umher, pladdert im Schilf herum und stellt eine ständige Unruhe für alle anderen Wasservögel dar. Aber es gehört nun einmal zum Bild einer Wasserlandschaft.

Gefieder: Tiefdunkles Braun, metallisch schillernd. Typisch ist die weiße Blesse auf der Stirne mit dem roten Miniaturkamm.

Größe:	40 cm
Brutdauer:	18–25 Tage

Geschützt.

Teichhuhn *Gallinula chloropus* (210)

Engl.: Moorhen; Afrik.: Klein Waterhoender

Das dunkle Wasserhuhn oder Teichhuhn wird ebenfalls auf den Farmdämmen angetroffen. Es führt eine ähnliche Lebensweise wie das Bläßhuhn, ist ebenfalls schwarz gefiedert, trägt aber statt der Blesse ein rotes Stirnschild.

Größe: 33 cm
Brutdauer: 18–25 Tage

Geschützt.

Sporengans *Plectropterus gambensis* (88)

Engl.: Spurwing Goose; Afrik.: Wildemakou

Das Gefieder der fast schwanengroßen Sporengans ist auf dem Rücken metallisch schillernd schwarz, während Bauch und Unterseite der Schwingen schmutzig weiß sind. Über dem leicht rosafarbenen Schnabel befindet sich beim Ganter ein kleiner rötlicher Kamm. Die Ruder sind fleischfarben. Am Buggelenk der Schwingen sitzt ein harter, hornartiger Dorn.

Standwild am Okawango und Kunenefluß.

Größe: 75–90 cm
Brutdauer: 28 Tage

Geschützt.

Nilgans *Alopochen aegyptiacus* (89)

Engl.: Egyptian goose; Afrik.: Kol-gans

Durch ihr buntes Federkleid wirkt die Nilgans besonders attraktiv. Die schneeweißen Schwingen enden am unteren Rand mit einem breiten tannengrünen Streifen. Der Rücken ist braun gefärbt, Brust und Hals beige, vorne auf der Brust sitzt ein dunkler erdbrauner Fleck, der beim Ganter ausgeprägter ist.

Die rotgeränderten Augen sind von einem dunkelbraunen Kranz umgeben, Schnabel und Ruder sind hellrosa.

Die Nilgans ist mit äußerst feinen Sinnen ausgestattet. Sie äugt außerordentlich gut und bemerkt sofort jede verdächtige Bewegung, die sie dann mit ihrem Warnruf quittiert.

Stets wird ein Wachposten aufgestellt, so daß es sehr schwierig ist, sich an Gänse im Feld oder am Wasser anzupürschen. Die beste Möglichkeit bietet der Ansitz auf dem Abend- bzw. Morgenstrich. Trotz ihres langsam und schwerfällig erscheinenden Fluges sind Gänse schwer zu schießen. Die Bewegung des Flintenhochnehmens genügt, um sie zum sofortigen Abdrehen zu veranlassen, wobei sie schnell an Höhe gewinnen.

Die Nilgans ist über das ganze Land verbreitet. An jedem größeren Damm ist sie zu finden. In der Regenzeit bevölkert sie jedes Vlei, das Grasäsung bietet. Am Fischfluß wie auch an den großen Grenzflüssen im Norden und am Oranje im Süden ist sie Standwild.

Es muß grobes Schrot (3½ mm) verschossen werden, da das Gefieder äußerst widerstandsfähig und elastisch ist.

Größe: 60 cm
Brutdauer: 27–29 Tage

Jagdbar.

Graukopfkasarka, Graukopfrostgans *Tadorna cana* (90)

Engl.: South African Shellduck; Afrik.: Bergeend

Wegen ihrer Größe wird sie häufig als Graukopfrostgans, Rotbrust- oder Rostbrustgans bezeichnet, obwohl sie zu den echten Enten gehört.

Das Gefieder ist an der Ober- und Unterseite der Schwingen weiß. Der untere Rand der Schwingen ist dunkelgrün, Rücken und Brust sind rostrot, Hals und Kopf beim Erpel mausgrau, während die Ente weiße Backen und eine weiße Stirn besitzt. Schnabel und Ruder sind grau.

Sie teilt den Lebensraum mit der Nilgans und ist wie sie sehr scheu und wachsam. An Größe steht sie nur wenig hinter der Nilgans zurück.

Größe: 64 cm
Brutdauer: 28 Tage

Geschützt.

Höckerente *Sarkidiornis melanotos* (91)

Engl.: Knob-billed Duck; Afrik.: Knobbel-eend

Die Höckerente wird oft fälschlich als Höckergans bezeichnet. Die Höckerente ist die größte Ente und kommt an Größe der Nilgans gleich.

Das Gefieder ist fast blauschwarz-dunkel mit grünlichem Schiller. Bauch, Hals und Kopf sind weiß bis cremefarben, wobei von der Halsmitte ab der Kopf voll braun gesprenkelt ist. Der Schnabel des Erpels weist einen großen blauschwarzen Höcker auf.

Sie lebt an den Grenzflüssen im Norden, streicht aber in guten Regenjahren vorübergehend in südliche Regionen, gelangt dann allerdings erstaunlich weit südlich herab.

Größe: Erpel 60 cm, Ente 50 cm
Brutdauer: 28 Tage

Geschützt.

Rotschnabelente *Anas erythrorhyncha* (97)

Engl.: Red-billed Teal; Afrik.: Rooibek Eendje

Am häufigsten anzutreffen sind die Rotschnabelenten. Ihr Gefieder ist auf dem Rücken braun, die Unterseite ist hellbeige mit bräunlichen Tupfen, der Hals ist hell bis zur unteren Seite des Kopfes, die obere Hälfte bildet eine braune Kappe. An den Schwingen befindet sich ein lachsfarbener Spiegel. Der Schnabel ist rosarot, die Ruder sind grau.

Sie bevölkern alle Vleie, Kolke und Dämme.

Größe:	37 cm
Brutdauer:	28–30 Tage

Jagdbar.

Kapente *Anas capensis* (98)

Engl.: Cape Teal; Afrik.: Teeleendje

Die Kapente ist ebenfalls rotschnäbelig. Das Gefieder ist auf dem Rücken braun. Die Unterseite, Hals und Kopf tragen ein helles Grau mit leichter Tüpfelung. Auf den Schwingen befindet sich ein tannengrüner Spiegel, die Ruder sind grau.

Sie lebt an Flußläufen, Staudämmen und Brackwasser-Seen.

Größe:	35 cm
Brutdauer:	28 Tage

Jagdbar.

Kap-Löffelente *Anas smithi* (93)

Engl.: Cape Shoveler; Afrik.: Kaapse Slopeend

Die Kap-Löffelente ist ein häufiger Gast aus dem Süden. Das Gefieder zeigt am Rücken und auf der Unterseite eine braune Farbe mit dunklen Tupfen, der Kopf ist grau. Die Unterseite der Schwingen ist am vorderen Rand weißlich und wird dann dunkel. Die Oberseite der Schwingen wirkt in der ersten Hälfte hellblau, wird dann dunkel, während die Enden der Schwingen braun sind. Die untere Kante der Schwingen läuft moosgrün aus, zwischen dem Grün und dem Hellblau liegt ein weißer Winkel. Der Schnabel formt einen breiten Löffel; er ist schwarz. Die Ruder sind gelblich.

Größe	53 cm
Brutdauer:	28 Tage

Geschützt.

Hottentottenente *Anas hottentota* (99)

Engl.: Hottentot Teal; Afrik.: Gevlekte Eendje

Die Hottentotten- oder Pünktchenente ist die afrikanische Krickente. Sie ist die kleinste Vertreterin ihrer Art. Das Gefieder zeigt ein schönes Braun auf dem Rücken. Die Unterseite bis zum halben Kopf ist ockerfarben mit lebhafter Punktierung. Die obere Kopfhälfte bildet eine dunkelbraune Kappe, der Schnabel ist blau gefärbt. An den Schwingen sitzen stahlblaue Spiegel, die Ruder sind dunkelgrau.

Sie bevorzugt Gewässer mit Schilf- und Binsenbewuchs.

Größe:	27,5 cm
Brutdauer:	27 Tage

Jagdbar.

Rotaugenente *Aythya erythrophthalma* (102)

Engl.: Pochard; Afrik.: Bruin Eend

Ein weiterer Gast aus dem Süden ist die Rotaugenente. Ihr Gefieder zeigt ein sehr dunkles, fast schwarz wirkendes Braun. Die Schwingenränder sind hell. Der Schnabel des Erpels ist stahlblau, der der Ente grau. Die Ruder sind ebenfalls grau.

Verbreitung wie Hottentottenente.

Größe: 38 cm
Brutdauer: 28 Tage

Geschützt.

Trappen

Eine Wildart, die in Europa einst jagdlich besonders begehrt war, aber heute geschützt ist, ist die Trappe. Südwest beherbergt eine Vielzahl von Trappen. Alle Trappen sind als Insektenvertilger, insbesondere als Vertilger von Heuschrecken, auch hier durch das Gesetz geschützt. Interessant für den Jäger ist, daß eine Art die Gewohnheit besitzt, im Falle eines Verdachtes wie eine Rakete senkrecht und umheräugend in die Luft zu steigen, um sogleich wieder wie ein runder Federball herabzufallen.

Die zweite Art steigt bei Gefahr laut kreischend in die Luft, um hubschrauberartig abzustreichen, wodurch alles Wild gewarnt wird und flüchtet. So erschweren diese Trappen dem Jäger die Pürsch und geben dem jagdbaren Wild eine größere Möglichkeit zu entkommen.

Riesentrappe *Ardeotis kori* (217)

Engl.: Giant Bustard; Afrik.: Gom-pou

Die Riesentrappe ist über das ganze Land verbreitet. Es werden steppenartige Flächen und offenes Gelände bevorzugt. Sie ist einer der größten flugfähigen Vögel, braucht wegen des schweren Körperbaues einen Anlauf, um sich zum Abflug abheben zu können. Dabei ist ein auffallend lautes Rauschen beim Schwingenschlag zu vernehmen. Der Hals wird beim Flug gestreckt getragen.

Ihr Rückengefieder ist gelbbraun, der Bauch hell getönt, Hals krausig befiedert mit sperberartiger Zeichnung. Auf dem Kopf befindet sich ein Schopf.

Gewicht:	25 kg
Größe:	Hahn 1,37 m, Henne 0,75 m
Brutdauer:	28 Tage

Geschützt.

Stanleytrappe *Neotis cafra* (219)

Engl.: Stanley Bustard; Afrik.: Veld-pou

Die Stanley-, Weißbauch- oder Senegaltrappe ist kleiner als die Riesentrappe. Sie hat die gleichen Lebensgewohnheiten und gleicht der größeren in der Zeichnung fast. Nur auf der Oberseite des Halses trägt der Hahn einen rostroten Sattel.

Vorkommen: Kalahari, Sandveld, Kalkplateau und Namibrand.

Gewicht:	15 kg
Größe:	75 cm
Brutdauer:	28 Tage

Geschützt.

Gackeltrappe *Afrotis afra* (225)

Engl.: Black Korhaan; Afrik.: Swart-korhaan

Die Gackeltrappe oder das Gackelhuhn besitzt etwa Birkwildgröße. Der Hahn ist an der Unterseite schwarz gefiedert mit einem weißen Ring am Halsansatz, die Oberseite ist braungelb, auf der Backe sitzt ein weißer Fleck. Die Henne ist braungelb gefleckt.

Bei Gefahr steigt der Hahn hubschrauberartig hoch, um das Objekt seines Mißtrauens zu umkreisen, wobei laute Warnrufe ausgestoßen werden. Die Henne steigt nicht, oder nur selten auf, streicht dann stumm ab. Überwiegend flüchtet sie geduckt weg.

Sie ist über das ganze Land verbreitet.

Größe:	53 cm
Brutdauer:	28 Tage

Geschützt.

Rotschopftrappe *Lophotis ruficrista* (224)

Engl.: Red-crested Korhaan; Afrik.: Bos-korhaan

Diese Trappe bevorzugt bebuschtes Gelände mit viel Deckung. Die Unterseite ist dunkelbraun, die Oberseite braungelb gesprenkelt. Das Gefieder ist durchsetzt mit orange-rosa Flaumfedern.

Schöpft sie Verdacht oder vernimmt sie ein sich ihr näherndes Geräusch, steigt der Hahn senkrecht in die Luft, gleich einer dunkelbraunen Federkugel, um sich zu orientieren. Er läßt sich vom Kulminationspunkt senkrecht wieder zu Boden fallen, wobei kurz über der Erde die Flügel fallschirmartig gespreizt werden, um sicher zu landen. Bei diesem Flug bleibt der Hahn stumm. Die Henne läuft in diesem Fall geduckt davon, um sich im Gras zu verbergen. Warnlaute werden nicht ausgestoßen.

Vorkommen im ganzen Land, sofern genügend Buschdeckung vorhanden ist.

Größe:	50 cm
Brutdauer:	28 Tage

Geschützt.

Greifvögel

In Südwestafrika/Namibia gibt es zahlreiche verschiedene Greife, die jedoch nicht zur Bejagung freigegeben sind. Die zunächst genannten Greife, die Adler, kommen in unseren Regionen besonders häufig vor.

Die herrlichsten Geschöpfe unter den Greifen sind die Falken, die schon im klassischen Altertum so beliebt waren, daß sie zum Teil religiöse Verehrung genossen, wie z. B. im alten Ägypten.

Falken gehören seit je zur Jägerei. In drei Erdteilen haben Jäger sie, unabhängig voneinander, als Jagdgefährten benutzt und sie zur Beizjagd abgetragen. Die Falkenhöfe im mittelalterlichen Europa standen in hoher Blüte. In China und Japan gehörte die Falkenjagd zur klassischen Jagdausübung, im mongolischen Rußland, wie auch in Arabien, ist die Falkenjagd noch heute hoch geschätzt.

Sekretär *Sagittarius serpentarius* (105)

Engl.: Secretary Bird; Afrik.: Sekretarisvoel

Der Sekretär, der einzige Vertreter dieser Familie, ist über ganz Südwest verbreitet. Er ist ziemlich vertrauensvoll, seine Fluchtdistanz ist gering.

Das Gefieder zeigt ein helles Schieferblau, die Oberschenkel sind schwarz befiedert, die Schwingen schwarz umrahmt, der graue Stoß trägt zwei schwarze Querbänder und hat in der Mitte zwei sehr lange Federn. Die Ständer sind kranichartig lang. Typisch sind die langen schwarzen Federn am Hinterkopf, die in Erregung aufgerichtet werden.

Seine Körperform hat ihn zu einem schlechten und schwerfälligen Flieger gemacht, deshalb benötigt er zum Auffliegen eine lange Anlaufbahn. Mit weit gespreizten Schwingen läuft er so lange, bis er genügend Aufwind hat, um abheben zu können.

Seine Beute bilden hauptsächlich Reptilien, wobei Schlangen den Hauptanteil ausmachen. Mit hüpfenden Sprüngen eilt er seiner Beute nach, die er mit seinen Fängen niederschlägt und am Boden kröpft.

Der Horst ist eine große Plattform, die der Sekretär auf hohen Dornbäumen errichtet, wobei die Mulde mit Gras ausgepolstert wird. Das Gelege besteht aus zwei Eiern.

Größe: 1,25–1,50 m
Brutdauer: 42–46 Tage

Geschützt.

Kampfadler *Polemaetus bellicosus* (142)

Engl.: Martial Eagle; Afrik.: Breedkop-arend

Der Kampfadler ist der größte und auch schönste Adler, der dem europäischen Steinadler gleicht.

Der Rücken ist dunkelbraun, die Unterseite zeigt ein milchiges Weiß, durchsetzt mit hellbraunen Tupfen.

Er horstet auf einer hohen, alten Schirmakazie. Der Horst wird in jedem Jahr aufgestockt. Der weibliche Adler baut das Nest, während der männliche das Nistmaterial zuträgt. Es wird überwiegend nur ein Ei gelegt. Geschlagen werden Nager, kleinere Wildarten bis zu Steinböckchengröße, Wildkitze. Daneben gehören auch kleine Haustiere bis Lämmergröße zur Beute.

Verbreitung über das ganze Land.

Größe: 75–90 cm
Brutdauer: 39–45 Tage

Geschützt.

Kaffernadler *Aquila verreauxii* (133)

Engl.: Black Eagle; Afrik.: Witkruisarend

Einer der eindrucksvollsten Adler ist der schwarz-weiße Kaffernadler, der überall dort vorkommt, wo er an Felshängen Gelegenheit zum Horsten hat. Ein auffallendes Kennzeichen ist das weiße V, das sich auf seinem Rückengefieder abzeichnet, wenn er mit zusammengelegten Schwingen aufgeblockt ist. Das Gefieder ist tiefschwarz mit etwas heller Unterseite, der Rücken schneeweiß, die Fänge sind gelb.

Er jagt, indem er dicht an den Bergseiten entlang streicht, um die Beute durch sein plötzliches Auftauchen zu überraschen. Beute sind vor allem Paviane, Klippschliefer, kleine Antilopen und Perlhühner.

Der Horst wird alljährlich wieder bezogen. Es werden ein bis zwei Eier gelegt.

Vorkommen in allen Bergmassiven des Landes.

Größe:	75–80 cm
Brutdauer:	45 Tage

Geschützt.

Gaukler *Terathopius ecaudatus* (151)

Engl.: Bateleur; Afrik.: Berghaan

Der Gaukler ist ein wundervoller Vogel. Sein Flugbild ist imponierend. Die Hereros bezeichnen ihn deshalb als „den mit dem Wind vermählten". Und wahrhaftig, dieser Vogel versteht die Kunst des Segelns in Vollendung. Ohne Flügelschlag kreist er pausenlos im Blau des Himmels, jeden Aufwind ausnutzend. Sein runder Kopf und der ebenso runde ganz kurze Stoß (10 cm) lassen sein Flugbild so eigenartig erscheinen, daß man glauben möchte, er fliege rückwärts.

Kopf und Flügelränder sind schwarz, der Rücken ist rostbraun. Die obere Flügeldecke ist grau. Fänge und Umrandung der Augenpartie sind rot, der Schnabel ist gelb mit schwarzer Spitze.

Das weibliche Stück ist einfarbig braun, die Fänge sind grau. Gehorstet wird auf hohen Bäumen. Das Gelege besteht aus nur einem Ei.

Verbreitung über das ganze Land.

Größe:	60 cm
Brutdauer:	45 Tage

Geschützt.

Schreiseeadler *Haliaeëtus vocifer* (149)

Engl.: Cape Sea-Eagle; Afrik.: Visarend

Der Schreiseeadler hat ein überwiegend leuchtend rostbraunes Gefieder, die Schwingenränder sind schwarz, Hals, Stoß und Rücken sind weiß, die Gesichtsmaske ist gelb und die Fänge sind hellgrau.

Der weittragende grelle Schrei, den der Schreiseeadler ausstößt, hat ihm seinen Namen eingetragen.

Er horstet in den Randbäumen der Flußufer. Der Horst besteht aus groben Holzstücken. Das Gelege enthält zwei Eier. Die Beute besteht hauptsächlich aus Fischen, aber auch Reiher und Kleinsäuger werden gelegentlich geschlagen.

Der Schreiseeadler lebt überall am Fischfluß, an den Grenzflüssen im Norden und in der Nähe großer Staudämme, sofern diese fischreich sind.

Größe:	63–73 cm
Brutdauer:	48 Tage

Geschützt.

Kapgeier *Gyps coproteres* (106)

Engl.: Cape Vulture; Afrik.: Krans Aasvoel

Der Kapgeier ist wohl der größte hier vorkommende Geier. Er klaftert mit einer weiten Flügelspannweite und ist, wie alle Geier, ein guter, ausdauernder Segler. Aus unwahrscheinlicher Höhe erspähen die Geier im Dahinziehen den Tierkadaver, um in langen Spiralen herabzusegeln und schwerfällig neben dem Fraß zu landen. Mit hüpfenden Sprüngen eilen sie dann auf die Beute zu.

Der Kapgeier ist auf dem Rücken und den Schwingen rot- bis dunkelbraun befiedert, die Unterseite ist hell schmutzig-beige, Hals und Kopf sind nur kurz beflaumt, so daß sie nackt erscheinen. Fänge und Schnabel sind groß und kräftig. Geier ernähren sich ausschließlich von Aas. Sie sind keine Jäger, sondern Finder von Fallwild und verendetem Vieh.

Gehorstet wird in Kolonien auf Felssimsen schroffer Bergwände; gelegt wird nur ein Ei.

Verbreitung über das ganze Land.

Größe: 1,05–1,15 m
Brutdauer: 53 Tage

Geschützt.

Weißrückengeier *Gyps africanus* (107)

Engl.: White-backed Vulture; Afrik.: Witrug-aasvoel

Der Weißrückengeier ist nur wenig kleiner als der Kapgeier. Sein Gefieder weist die gleiche Zeichnung auf, jedoch ist der Rücken hell. Er brütet auf Bäumen, nicht auf Felsen.

Verbreitung über das ganze Land.

Größe: 80 cm
Brutdauer: 53 Tage

Geschützt.

Kutten- oder Mönchsgeier *Aegypius monachus* (110)

Engl.: Hooded Vulture; Afrik.: Monnik-aasvoel

Der Kutten- oder Mönchsgeier trägt auf der Oberseite ein dunkles, fast schwarz wirkendes Braun. Die Unterseite zeigt ein helleres Braun.

Der Horst steht auf einem starken Ast unmittelbar am Stamm, nicht in der Baumkrone; es wird nur ein Ei gelegt.

Verbreitung über das ganze Land.

Größe: 65–75 cm
Brutdauer: 46–50 Tage

Geschützt.

Ohrengeier *Torgos tracheliotus* (108)

Engl.: Black Vulture; Afrik.: Swart-aasvoel

Der Ohrengeier lebt weniger sozial als andere Geier. Bei einer Anhäufung von Geiern sind höchstens zwei bis drei dieser Art darunter zu finden.

Das Gefieder ist auf dem Rücken fast schwarz, Brust und Unterseite schmutzig-weiß mit braunen Vertikalstreifen. Der Kopf ist völlig nackt und fleischfarben.

Beim Horsten werden Artgenossen gemieden. Der Horst wird auf dem Wipfel eines breiten Baumes errichtet und erreicht einen Durchmesser von 2 m. Es wird nur ein Ei gelegt.

Verbreitung über das ganze Land.

Größe:	1,00–1,10 m
Brutdauer:	50 Tage

Geschützt.

Singhabicht *Melierax musicus* (165)

Engl.: Chanting Goshawk; Afrik.: Groot-witvalk

Der Singhabicht ist überall und häufig anzutreffen. Immer wieder ist er auf Telefonpfählen aufgeblockt zu sehen. Er wird oft fälschlich als Blaufalke bezeichnet. Er ist kein schneller Flieger und schlägt seine Beute auf dem Boden oder in Büschen. Das Gefieder ist ein helles Blaugrau, die Brust zeigt typische Habichtsperberung. Schnabel und Fänge sind orangerot.

Gehorstet wird im Winter auf Bäumen; das Gelege besteht aus ein bis zwei Eiern.

Größe:	48 cm
Brutdauer:	35 Tage

Geschützt.

Gabarhabicht *Micronisus gabar* (162)

Engl.: Gabar Goshawk; Afrik.: Klein-witvalkie

Der Gabarhabicht ist kleiner als der Singhabicht. Die Zeichnung ist sehr ähnlich, nur trägt der Stoß dunkle Querbänder. Fänge und Schnabel sind ebenfalls orangerot.

Der Horst steht auf Dornakazien; das Gelege besteht aus drei Eiern.

Größe:	30–35 cm
Brutdauer:	35 Tage

Geschützt.

Rotbauchsperber *Accipiter rufiventris* (156)

Engl.: Redbreasted Sparrowhawk; Afrik.: Rooibors-sperwer

Der Rotbauchsperber, der weniger oft beobachtet wird, ist nicht viel kleiner als der Gabarhabicht. Das Gefieder ist auf dem Rücken dunkelbraun, die Kehle ist hellrosa, Brust und Unterseite sind rötlichbraun gefärbt.

Vorkommen hauptsächlich in der Landesmitte.

Größe:	35 cm
Brutdauer:	35 Tage

Geschützt.

Zwergsperber *Accipiter minullus* (158)

Engl.: Little Sparrowhawk; Afrik.: Dwerg-sperwer

Ein kleiner, flinker Sperber, der oft für einen Falken gehalten wird. Mit großer Beweglichkeit huscht er durch die Büsche, um Jagd auf kleine Vögel zu machen.

Das Gefieder ist auf dem Rücken dunkelbraun, die Kehle ist hellrosa, Brust und Unterseite sind rötlichbraun gefärbt.

Er ist im ganzen Land verbreitet.

Größe: 30–35 cm
Brutdauer: 35 Tage

Geschützt.

Schmarotzermilan *Milvus m. aegyptius* (129)

Engl.: Black Kide; Afrik.: Swart Mou

Der Schmarotzermilan wird hier allgemein als „Regenvogel“ bezeichnet, denn erscheint er in Massen, regnet es. Es verhält sich jedoch genau umgekehrt. Wenn es geregnet hat, dann sammeln sich diese Milane in großer Zahl und kreisen über den Stellen, an denen Termiten oder Kohlweißlinge aus dem regennassen Boden hervorquellen und zu schwärmen beginnen. Die Milane kreisen dann in großen Flügen und kröpfen dabei die aufsteigenden Insekten in der Luft.

Sie sind die wirkungsvollsten Vertilger der gefürchteten Wanderheuschrecken und damit nützliche Insektenvernichter. Weitere Beute sind kleine Nager, Echsen und Aas. Vögel werden von ihnen nicht geschlagen.

Milane sind langsame Flieger. Das Gefieder ist schmutzigbraun, die Unterseite rötlich, Schnabel und Fänge sind gelblich. Typisch ist der gegabelte Stoß.

Verbreitung über das ganze Land.

Größe: 55 cm
Brutdauer: 37 Tage

Geschützt.

Felsenbussard *Buteo rufofuscus* (152)

Engl.: Jackal Buzzard; Afrik.: Jakkalsvoel

Der Felsenbussard, Schakalbussard oder Weißbrustbussard ist seltener zu beobachten.

Das Gefieder ist auf der Oberseite dunkelbraun, Hals und Unterseite sind weiß mit wenigen braunen Tupfen. Schnabel und Fänge sind gelblich.

Die Beute besteht ausschließlich aus Nagern.

Vorkommen: gebirgige Gegenden werden bevorzugt.

Größe: 44–53 cm
Brutdauer: 35–40 Tage

Geschützt.

Gleitaar *Elanus caeruleus* (130)

Engl.: Black-shouldered Kite; Afrik.: Witvalkie

Der Gleitaar ist ein kleiner, turmfalkenähnlicher Greif. Gleich den Gauklern liebt er es, sich hoch von Aufwinden tragen zu lassen. Beim Jagen steht er oft rüttelnd in der Luft, während der Kopf nach unten hängt, um Beute zu suchen. Er schlägt nur kleine Tiere auf dem Boden oder im Gestrüpp, auch Insekten stehen auf seinem Speisezettel.

Das Gefieder ist auf der Oberseite blaugrau, die Flügel sind an der Schulter schwarz, Kopf und Unterseite rein weiß.

Er ist über das ganze Land verbreitet.

Größe: 30 cm
Brutdauer: 35 Tage

Geschützt.

Wanderfalke *Falco peregrinus* (113)

Engl.: Peregrine Falcon; Afrik.: Sleg-valk

Der Wanderfalke ist häufiger Gast in Südwest. Er ist der Größte unter den Falken und ein schneller, gewandter Flieger.

Das Gefieder zeigt ein dunkles Braun, das auf dem Kopf eine Kappe mit braunen Backen bildet. Die Brust ist hellbeige mit braunen Sprenkeln, die Fänge sind gelb.

Wie bei allen Falken wird die Beute in der Luft im Sturzflug geschlagen und gebunden. Beutetiere sind meist Tauben.

Gehorstet wird auf einem Felssims oder in alten Nestern fremder Vögel; gelegt werden drei Eier.

Verbreitung über das ganze Land.

Größe:	35–40 cm
Brutdauer:	28–30 Tage

Geschützt.

Rothalsfalke *Falco chicquera* (117)

Engl.: Rufous-necked Falcon; Afrik.: Rooinek-valkie

Ein besonders schneller und zierlicher Falke ist der kleine Rothalsfalke. Er ist ein ungemein gewandter Flugjäger und schlägt seine Beute, die aus kleinen Vögeln und Insekten besteht, ausschließlich im rasanten Sturzflug in der Luft.

Das Gefieder ist graubraun auf dem Rücken, rotbraun an Hals und Kopf. Kehle und obere Brust sind rosafarben, der untere Teil grauschwarz gesperbert. Am Ende des Stoßes erstreckt sich ein schwarzes Band.

Bevorzugter Horstplatz: Die Blattbasis einer Palme, sonst sehr hohe Bäume. Gelegt werden drei bis vier Eier.

Verbreitung über das ganze Land.

Größe:	30–35 cm
Brutdauer:	32–34 Tage

Geschützt.

Rechts: Kuttengeier. – Links: Ohrengeier (Foto: V. Grellmann)

Strauße in der Etoshapfanne (Foto: Fr. Detering)

Buschfeld (Foto: Prinz Bentheim)

Warzenschweine (Foto: V. Grellmann)

Zwergfalke *Polihierax semitorquatus* (126)

Engl.: Pygmy Falcon; Afrik.: Dwerg-valkie

Ein oft übersehener Falke von Starengröße. Das Gefieder ist auf dem Rücken grau, der Terzel hat einen rotbraunen Sattel, die Schwingen sind dunkel gebändert, die Spitzen schwarz. Die Unterseite ist hell, fast weiß, der Stoß dunkel gebändert.

Gebrütet wird in Nestern von Webervögeln oder Staren. Das Brutgeschäft besorgt das weibliche Stück und wird vom Terzel geatzt. Gelegt werden drei bis vier Eier.

Sein Verbreitungsgebiet sind das trockene Buschfeld und die Trockensavannen.

Größe:	17–18 cm
Brutdauer:	28–30 Tage

Geschützt.

Milchuhu *Bubo lacteus* (369)

Engl.: Giant Eagle Owl; Afrik.: Reuse-ooruil

Der Milchuhu ist die größere der beiden in Südwest vorkommenden Uhuarten. Tagsüber ruht er eng an den Stamm hoher Bäume gedrückt, auch in Felsspalten und Nischen. Abends streicht er mit lautlosem Flug niedrig über das Gelände, um nach Beute zu jagen.

Alle Eulen sind ausschließlich Nachtjäger, die erst in der Dämmerung zu jagen beginnen.

Das Gefieder des Milchuhus ist auf dem Rücken braun, auf der Unterseite grau mit dunkler Sperberung gezeichnet. Das Gesicht wird von einem schwarzen Ring umrahmt, über den großen Augen sitzen zwei Federbüschel, die Ohren vortäuschen. Aufgeblockt läßt er seinen melodischen Ruf, ein langgezogenes „Huhuuuuu", erschallen.

Beute sind Hasen, Klippschliefer, Bergaffen, Perlhühner und Kleinantilopen.

Gehorstet wird in fremden Greifvogelhorsten oder in Baumhöhlen; gelegt werden zwei Eier.

Verbreitung über das ganze Land.

Größe: 60–65 cm
Brutdauer: 25 Tage

Geschützt.

Flecken- oder Berguhu *Bubo africanus* (368)

Engl.: Spotted Eagle Owl; Afrik.: Gevlekte Ooruil

Der Fleckenuhu ist etwas kleiner als sein großer Vetter. Gefieder ähnlich, nur die Unterseite zeigt eine lebhafte braune Fleckung.

Der Horst wird auf großen Dornbäumen, gelegentlich auch auf einem Windmotor errichtet. Das Gelege besteht aus zwei bis drei Eiern.

Verbreitung über das ganze Land.

Größe: 25 cm
Brutdauer: 35 Tage

Geschützt.

Weißgesichtohreule *Otus leucotis*

Engl.: White-faced Owl: Afrik.: Witwang-ooruil

Die weißgesichtige Ohreule lebt sehr versteckt. Das Gefieder ist dunkelbraun, Unterseite heller mit leichter Fleckung. Gesicht weißlich umrahmt. Über den Augen stehen zwei „Feder-Ohren".

Als Horst werden häufig verlassene Nester anderer Vögel benutzt. Das Gelege besteht aus zwei bis drei Eiern.

Verbreitung über das ganze Land.

Größe: 25 cm
Brutdauer: 30 Tage

Geschützt.

Schleiereule *Tyto alba* (359)

Engl.: Barn Owl; Afrik.: Nonnetjie-uil

Die Schleiereule kommt häufig vor. Ihr Gefieder zeigt ein helles Braun auf dem Rücken, die Unterseite ist ockergelb mit dunklen Punkten. Auf den Spitzen der Rücken- und Schwingenfedern befinden sich schiefergraue Flecken. Das Gesicht ist hell, und der Kopf trägt eine rostrote Haube.

Sie horstet in Erdferkellöchern, hohlen Bäumen, Bodenmulden und benützt gerne Nistgelegenheiten, die sich an Häusern und Gebäuden bieten. Gelegt werden vier bis fünf Eier, manchmal sogar mehr.

Verbreitung über das ganze Land.

Größe:	33 cm
Brutdauer:	32–34 Tage

Geschützt.

Perlkauz *Glaucidium perlatum* (365)

Engl.: Pearl-spotted Owlet; Afrik.: Dwerg-uiltjie

Der Perlkauz entspricht in der Größe dem europäischen Sperlingskauz. Sein Gefieder ist auf Rücken und Oberseite des Kopfes braun, übersät mit weißen Perltupfen, Gesicht und Backen sind hellgrau, Brust und Unterseite weißlich mit braunen Vertikalstreifen. Die Beute besteht in der Hauptsache aus Insekten.

Gebrütet wird in Baumhöhlen, verlassenen Spechthöhlen oder Bartvogelnestern. Gelegt werden drei Eier.

Verbreitung über das ganze Land.

Größe:	18–20 cm
Brutdauer:	28 Tage

Geschützt.

Flugbilder der Taggreife

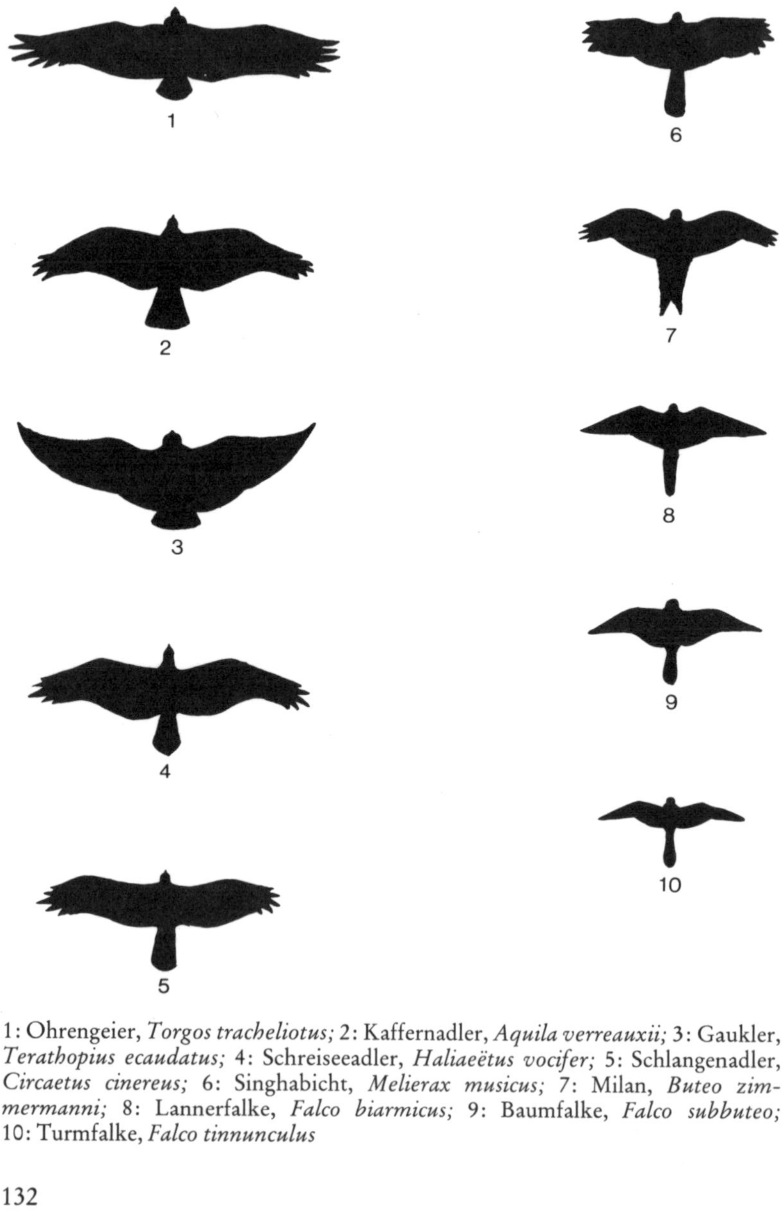

1: Ohrengeier, *Torgos tracheliotus;* 2: Kaffernadler, *Aquila verreauxii;* 3: Gaukler, *Terathopius ecaudatus;* 4: Schreiseeadler, *Haliaeëtus vocifer;* 5: Schlangenadler, *Circaetus cinereus;* 6: Singhabicht, *Melierax musicus;* 7: Milan, *Buteo zimmermanni;* 8: Lannerfalke, *Falco biarmicus;* 9: Baumfalke, *Falco subbuteo;* 10: Turmfalke, *Falco tinnunculus*

Das Verhalten des Wildes

Ganz allgemein kann gesagt werden, daß das Verhalten der einzelnen Geschöpfe, welcher Art sie auch sein mögen, von drei Haupttrieben gesteuert wird: vom Ernährungstrieb, vom Vermehrungstrieb und vom Verteidigungstrieb.

Dabei ist die Forderung nach Sicherheit stets vorhanden und erstreckt sich sowohl auf das Einzelindividuum als auch auf den Artenverband, soweit es sich um rudelnde Wildarten handelt.

Den Jäger interessiert es vorrangig, wie dieses angeborene Verhalten unsere Wildarten leitet.

Der Ernährungstrieb ist bestimmend für den Standort und den Aufenthaltsraum, je nach Vorhandensein der notwendigen bzw. bevorzugten Äsungspflanzen. Das bedingt jedoch nicht, daß jede Wildart unbedingt standorttreu ist. Feste Einstände in dem Sinne, wie man sie z. B. in Europa von den Cerviden kennt, sind sehr selten. Die rudelnden Wildarten kennen wohl bevorzugte Äsungsplätze, die sie gerne aufsuchen, grenzen diese jedoch nicht genau ab und lassen auch benachbarte Artgenossen zu, ohne sie zu vertreiben.

Ganz anders ist dies jedoch bei den Kleinantilopen, wie Kronenducker, Steinböckchen, Dikdiks und Klippspringern. Diese in Paaren lebenden Antilopen grenzen ihr Revier ab. Sie setzen warnende Duftmarken; jeder fremde Artgenosse, der innerhalb der Begrenzung erscheint, wird mit großer Vehemenz vertrieben. Von den rudelnden Wildarten ist der Kudu sehr standorttreu. Dennoch respektiert er normale Farmeinzäunungen nicht, sondern überfällt sie mit größter Eleganz, um sein Äsungsgebiet gelegentlich zu erweitern. Oryx und Hartebeest sind weniger standorttreu; sie schweifen gerne umher und suchen an stark windigen Tagen mit Vorliebe den Dickbusch auf. Der größte „Zigeuner“ unter dem Wild ist der Springbock. Nicht zu Unrecht nannten die Buren ihn „Trekboken“.

Jäger und Forscher vergangener Tage berichten von den großen Wanderzügen dieser Gazellen, die zu Tausenden zusammenkamen, alljährlich von einem rätselhaften Wandertrieb erfaßt. Die inzwischen erfolgte Besiedelung des Landes mit der Volleinzäunung aller Farmen hat diesem Verhalten ein Ende gesetzt. Durch die zwangsmäßige Gewöhnung über mehrere Springbockgenerationen scheint der Wandertrieb immer mehr zu erlöschen; denn nur ungern und nur in Ausnahmefällen überfällt der Springbock einen Zaun, obwohl er es mühelos könnte.

Die Oryx, die ebenfalls zum Umherschweifen neigt, kriecht an geeigneten Stellen unter der Einzäunung hindurch, ebenso das Hartebeest, so daß an vielen Stellen regelrechte Durchschlupfwechsel entstehen. Doch auch diese Antilopen halten heute ihren über zwei bis drei Farmen ausgedehnten Standort.

Alle Wildarten haben aber ihre bevorzugten Biotope, die ihren Lebensbedingungen entsprechen. So sind Elands an Landschaften gebunden, die genügend Laubbäume, Büsche und auch genügend Deckung bieten. Springböcke als selektive Grasäser dagegen bevorzugen weite, offene Grasflächen, die ihnen freie Sicht geben, wobei auf ausgesprochene Deckung verzichtet wird. Oryx, ebenfalls bevorzugte Grasäser, lieben den Wechsel von offenen Flächen zu bebuschten, bergigen Landschaften. Sie verbreiten sich daher weiter über das Land als andere Antilopen. Der Kudu dagegen meidet reine Flächengebiete und stark offenes Gelände. Er liebt dicht bebuschtes Gebiet mit viel Deckung, bergiges Gelände mit schroffen Hängen und tiefen Schluchten. Er ist ein guter und sicherer Kletterer, den man bis in die höchsten Regionen antrifft.

Die Sicherheit des Wildes wird gewährleistet durch Eigenverhalten und durch Tarnung. Sicherheit durch Eigenverhalten läßt sich beobachten beim Anwechseln zum Äsungsplatz oder zur Schöpfstelle, dann während des Äsens und Schöpfens und schließlich beim Rückwechsel in die Einstände.

Ein großer Teil unseres Wildes neigt zur Rudelbildung bis zur ausgedehnten Herdenbildung. Bei den rudelbildenden Wildarten, wie den Kudus und den Elefanten, übernimmt immer ein weibliches, führendes Tier die Führung und Sicherung. Beim Anwechseln zum Äsungsplatz oder zum Wasser zieht das führende Tier dem Rudel voraus, gefolgt von seinem Kalb. Die übrigen Stücke des Rudels folgen mit Abstand nach. Sobald das führende Tier verhofft und sichert, bleibt auch das Rudel stehen und folgt erst nach, wenn das Leittier sich wieder in Bewegung setzt.

Im Rudel wird keine strikte Rangordung eingehalten. Doch gruppiert es sich so, daß die Bullen, vor allem die stärkeren, am Ende des Rudels folgen.

Bei den Zebras ist es ähnlich wie bei den Pferden: Hier sorgt der Hengst für die Sicherheit. Bergzebras, die im Familienverband leben, werden von einem Leithengst angeführt. Beim Anwechseln zum Wasser zieht der Hengst seinem Rudel voraus und sichert mit langen Manövern die Wasserstelle ab. Nach vielem Hin- und Hertraben mit erhobenem Kopf und wiederholtem Zurückpreschen entschließt er sich endlich zum Schöpfen, das Rudel kommt dann vorsichtig nach. Nach beendetem Schöpfen umkreist er sein Rudel und treibt es vor sich her, wobei er jetzt nicht mehr führt, sondern hinten bleibt und gleichsam den Rückzug sichert.

Herdenbildende Tiere, wie Springböcke oder Oryx, haben auf Grund der großen Kopfzahl mehrere Tiere, die für die Sicherheit der Herde sorgen. Auch hier sind es stets führende Stücke mit Kalb bzw. Kitz.

In den Zeiten, in denen die Bullen oder Böcke sich vom Rudel oder der Herde lösen und als sogenannte „Altherrenklubs" herumzigeunern, übernimmt willkürlich ein Bulle die Führung, wobei nicht gesagt ist, daß dies unbedingt der stärkste oder der älteste sein muß. Die Sicherung ist dann auch bedeutend nachlässiger und oberflächlicher als bei einem weiblichen Stück, das vorwiegend auf die Sicherheit seines Kalbes bedacht ist.

Zu diesem gemeinsamen Sicherungsverhalten kommt noch die Einzelsicherung des Individuums. Das starke Sicherungsverhalten ist vor allem bei der Nahrungsaufnahme und beim Schöpfen deutlich zu beobachten. Während des Äsens und vor allem während des Schöpfens wird immer wieder der Kopf ruckartig hochgenommen, um schnell mit dem Gesicht die Umwelt abzutasten. Ergibt sich dabei für das Stück ein Verdachtsmoment, kommt es zu dem bekannten Scheinäsen.

Das Stück senkt den Kopf wieder zu Boden, als ob es beruhigt weiteräst, um dann plötzlich ruckartig aufzuwerfen und die verdächtige Stelle längere Zeit angespannt zu fixieren.

Scheinäsen ist von wirklichem Äsen zu unterscheiden. Beim Scheinäsen wird der Kopf nicht ganz so tief zu Boden gesenkt. Es fehlt die typische Rupfbewegung, die beim Äsen entsteht. Das Stück verharrt völlig bewegungslos in dieser halbhohen Lauerstellung und behält dabei die verdächtige Stelle im Auge. Die kleinste Bewegung läßt dann Verdacht auf Gefahr erscheinen und löst sofortige Flucht aus.

Bei Raubwildarten aus der Familie der Caniden, die im sogenannten Pack jagen, wird das Rudel immer von einem Rüden angeführt. Das ist der sogenannte Kopfhund. Er ist der Anführer bei der Jagd und beim Herumstreunen. Auf Grund seiner Kraft und seiner Erfahrung hat er sich durchgesetzt und wird vorbehaltlos vom Rudel anerkannt.

Der zweite Punkt der Sicherung ist die Tarnung. Hier hat die Natur weitgehend durch Form und Färbung mitgeholfen, die Tarnung des Deckung suchenden Wildes zu unterstützen.

Kudus, die sich unter einem Kameldornbaum oder in einen Dornbusch einstellen, verschwimmen völlig mit der Umgebung durch das Licht- und Schattenspiel, das durch die Zweige auf die Tiere fällt. Durch die Farbe der Decke, die weiße Streifung und das gedrehte dunkelbraune Gehörn des Bullen wird die Tarnung unterstützt.

Hartebeeste, deren Lebensraum die offene Buschsteppe des Ostens im roten Sandgelände und im Dünenbereich der Kalahari ist, täuschen durch regloses Verhalten einen roten turmartigen Termitenbau mit einem hervorstehenden Astknorren vor.

Alle kleinen Wildkälber und Kitze gehen bei Gefahr instinktiv in Downlage, drücken sich mit fest angelegten Lauschern an den Boden, um sich fast unsichtbar zu machen.

Kleine Strauße, die sich ebenfalls so verhalten, wobei Hals und Kopf zu Boden gedrückt werden, täuschen einen trockenen Graspollen vor und sind in der Tat nicht mehr zu erkennen.

Der Vermehrungstrieb dient der Arterhaltung. Der Trieb des männlichen Wildes zum Beschlagen der weiblichen Stücke wird durch das Brunftigwerden bei Antilopen, das Rauschen bei den Sauen, das Ranzen beim Raubwild ausgelöst. Feine Duftstoffe werden in diesem Zustand sekretiert, die das weibliche Stück in Bereitschaft, das männliche in Erregung versetzen. In der Brunft wird beim weiblichen und noch viel mehr beim männlichen Wild die Vorsicht stark außer acht gelassen. Hierbei sind in Rudeln oder Herden lebende Tiere weit achtloser als die paarweise lebenden Wildarten.

Der wichtigste Zweig des Vermehrungstriebes ist der Aufzuchttrieb der weiblichen Stücke. Hier gibt es, nach Eibl-Eibesfeld, gewisse Schlüsselreize, die den Auslösemechanismus zur Aufzucht der Jungtiere hervorrufen. Der Fürsorgetrieb und die Mutterliebe erreichen den größten und höchsten Punkt z. B. in dem Augenblick, in dem das Muttertier das soeben geborene Kalb erstmals beleckt oder die brütende Perlhenne das Krabbeln der kleinen Küken in ihrem warmen Federkleid spürt.

Mit zunehmendem Alter der Nachkommen werden mütterliche Fürsorge und Pflege immer geringer. Diese allmählich schwindende Fürsorge findet sich auch in der Vogelwelt. Jungvögel werden zunächst von den Elternteilen leidenschaftlich versorgt und verteidigt. Beim Strauß z. B. versuchen die Altvögel, einen Feind durch vorgetäuschte Flügellähme, Hinfallen, Aufstehen und Weiterstolpern von ihren Jungtieren wegzulokken. Gänse greifen zischend mit gespreizten Schwingen an. Andere Vögel umschwirren oft laut warnend den Gegner und stoßen auf seinen Kopf herab.

Je nach Art besitzt jedes Wild eine Flucht- und eine kritische Distanz. Dies zu wissen ist wichtig für den Jäger.

Auf Farmen, auf denen Wild nicht auf übergroße Entfernung beschossen wird, ist die Fluchtdistanz verhältnismäßig klein. Man kommt bis auf 150 Meter heran. Farmen, auf denen das Wild auf jede mögliche Entfernung befunkt wird oder auf denen man vom verfolgenden Auto aus bis auf 300, ja 400 Meter schießt, auf solchen Farmen ist die Fluchtdistanz riesig groß. Man hat sich also ein normales Jagen weitgehend verdorben.

Fluchtdistanz hat wenig mit offenem Gelände zu tun. Ich habe 20 Jahre lang in offenem und deckungslosem Gelände gejagt. Die Fluchtdistanz auf der dortigen Farm, es handelte sich beim Wild um Springböcke, lag bei 150 bis 200 Metern. Ich habe allerdings niemals mit dem Auto gejagt, geschweige denn vom Auto aus geschossen. Alle meine Böcke habe ich zu Fuß angepürscht, und die Schußdistanzen betrugen durchschnittlich 100 bis 200 Meter.

Diese Fluchtdistanz bezieht sich auf den Menschen. Die Fluchtdistanz zu Raubtieren ist wesentlich geringer. Einzige Ausnahme sind die Fälle, in denen es sich um die überaus schnellen Geparden handelt. Hier liegt die Fluchtdistanz bei über 200 Meter. Bei Überschreiten der Fluchtdistanz wird die Flucht ergriffen. Die kritische Distanz beginnt dann dort, wo dem Wild die Flucht anscheinend nicht mehr möglich ist, es kommt zur Aggression. Dies trifft vor allem beim Raubwild zu.

Das Unterschreiten dieser kritischen Distanz kann bei einer Nachsuche auch im Falle einer Oryx äußerst verhängnisvoll werden, vor allem dann, wenn kein Hund dabei ist.

Kommt man bei einer solchen Nachsuche unvermutet zu nahe an das Wundbett, so steht das Stück mit einem Satz auf und nimmt blitzschnell an. Nur der rasch hingeworfene Schuß spitz von vorne kann das Wild noch stoppen.

Beim Flüchten eines Rudels übernimmt gewöhnlich das Leittier die Führung, gefolgt von seinem Kalb, das übrige Wild einschließlich junger und mittlerer Bullen folgt. Starke Bullen oder Böcke versuchen oft, sich seitlich vom Rudel wegzudrücken.

Wenn man aus großer Höhe, vom Flugzeug oder einem hohen Berg aus, die Wildwechsel betrachtet, so scheinen diese in einem ziellosen Wirrwarr, gleich einem Spinnennetz, die Landschaft zu durchziehen. Sie sind jedoch nach einem angeborenen Orientierungsmechanismus angelegt. Alle Wildwechsel folgen irgendwelchen Richtungsmarken.

Der Verteidigungstrieb wird ausgelöst, wenn es gilt, den Lebensraum, ein abgegrenztes Revier oder abgelegte Jungtiere zu verteidigen. Das erleben wir in starkem Maße bei den paarweise lebenden Kleinantilopen und besonders in der Vogelwelt.

Es gibt bekanntlich auch Rivalitätskämpfe, besonders in der Brunftzeit, die unter Bullen und Böcken oft mit großer Heftigkeit ausgetragen werden. Es gibt aber nicht nur Brunftkämpfe, sondern auch Platzneid im

Äsungsraum, der Auseinandersetzungen auslöst, selbst bei weiblichen Rudelangehörigen. Diese Kämpfe enden immer damit, daß der schwächere Teil aufgibt und flüchtet.

Die Kampfhandlung vollzieht sich meistens nach einem bestimmten Ritus, der gerade bei der Oryx gut zu beobachten ist. Ausgangsstellung ist das seitliche Aufeinander-Zugehen mit Drohhaltung des erhobenen Hauptes. Dann folgt der erste Gang, bei dem die Gehörnstangen sich nur im oberen Drittel berühren und gegeneinander schlagen. Danach folgt eine kurze Kampfpause, wobei die Gegner aneinander vorbeisehen. Mit plötzlicher Wendung folgt der zweite Gang. Jetzt prallen die Stangen im unteren Drittel aufeinander. Das leitet das Stirn-an-Stirn-Drängen ein. Nun versucht einer den anderen zurückzuschieben. Niemals gebrauchen die Oryx das Gehörn zum direkten Stoß gegeneinander. Ein artfremder Feind jedoch, ein Hund, ein Gepard oder ein Mensch, wird mit genauester Treffsicherheit geforkelt. Eine im Wundbett sitzende Oryx, der ein Stein zugeschleudert wird, pariert diesen, indem sie ihn mit großer Genauigkeit mit dem Gehörn zurückschlägt.

Das Territorium, der Lebensraum, spielt im Tierleben eine große, wenn nicht die Hauptrolle.

Es ist der Territorialtrieb, der für die Sicherheit während der Aufzucht der Nachkommenschaft sowie für die Eigenernährung sorgt. Wie bereits erwähnt, grenzen die monogam lebenden Kleinantilopen, wie Steinböckchen, Ducker oder Klippspringer, ihr Territorium ab.

Ähnlich verhalten sich auch die im Sozialverband lebenden Wildarten. Jedes Antilopenrudel besitzt und verteidigt ein wechselndes Territorium, das – jahreszeitlich bedingt – die geeignete Äsung bietet. Bei der Begegnung mit fremden Gruppen der gleichen Art kann es zu Rivalitätskämpfen kommen, bei denen fast jedesmal das eingedrungene Rudel schließlich zurückweicht. Ich habe aber auch bei Kudus schon beobachtet, daß ein fremdes Rudel nach einigem Beäugen und Bewinden geduldet wurde.

Der Kudu z. B. grenzt sein Territorium ab, indem er mit dem Gehörn ins Gesträuch schlägt, wodurch oft Zweige und Äste abgeschlagen oder geknickt werden. Er kennzeichnet sein Revier auch durch das sogenannte Wimpelschlagen, wie wir es vom Rothirsch her kennen, indem er mit dem Gehörn im Boden herumpflügt. Hartebeeste knien sich bei diesem Verhalten hin. Lediglich an den Wasserstellen, an denen geschöpft wird, herrscht allgemeiner „Burgfriede".

Die Vogelwelt grenzt ihr Brut- und Ernährungsareal durch den Gesang ab. Die für uns so lieblich klingenden Stimmen sind nicht Ausdruck der Lebensfreude sondern eine Warnung und Drohung an eventuelle Rivalen.

Unser Flugwild handelt ebenso. Die Frankoline rufen in den frühen Morgenstunden und melden damit ihre Anwesenheit in ihrem Territorium. Der beliebte „Pater Philipp", der mit seinem Glockenruf die aufgehende Sonne begrüßt, zeigt damit anderen Artgenossen an, daß das Gebiet bereits besetzt ist.

Nach neueren Erkenntnissen weiß man, daß Löwen gruppenweise ein größeres, meist kreisförmiges Jagdterritorium behaupten. Sie jagen dort in einem gewissen Turnus, um immer wieder an neue Beutetiere zu gelangen. Das bringt es mit sich, daß die Löwenrudel periodisch in fast genau gleichen Zeitabständen am selben Ort wieder auftauchen. Löwen sind keine ausdauernden, schnellen Läufer und können auch nur ganz kurz sprinten. Dadurch sind sie ihren Beutetieren, den Zebras, den Gnus und anderen Antilopen absolut unterlegen. Deshalb muß ihre Jagdtaktik besonders spezialisiert sein.

Löwen bilden eine Jagdgemeinschaft. Der führende Kopf ist stets ein Mähnenlöwe, der Rest des Packs besteht aus einigen Löwinnen sowie deren Nachwuchs.

Der männliche Löwe tötet selten. Gewöhnlich ist es eine der Löwinnen, die das Beutetier reißt. Die Taktik der Löwen besteht darin, daß die Löwinnen beidseitig auf größere Entfernung dem Löwen vorausschleichen, sich immer wieder geduckt vorlegen, während ihnen der Löwe langsam und ab und zu brüllend das Wild zudrückt.

Greife verteidigen ihren einmal eroberten Luftraum mit großer Entschiedenheit gegenüber fremden Greifen, vor allem gegenüber Artgenossen. Ich beobachtete einmal einen Luftkampf, an dem sechs Kampfadler beteiligt waren. Dabei konnte ich genau erkennen, wo das Territorium des Stammpaares zu Ende war, denn dort kehrten die beiden Standortvögel jedesmal um, wenn der Gegner aus dem Besitzraum vertrieben war.

Abschließend sei gesagt, daß die Territorialbehauptung die vielleicht wirkungsvollste Sicherung dafür ist, daß Aufzucht, Ernährung und Auslese gewährleistet bleiben.

Kommunikation im Tierreich

Seit meiner Begegnung mit der afrikanischen Tierwelt habe ich mich ganz besonders mit dem Studium ihrer Verhaltensformen, ihrer Psychologie und ihrer Kommunikation untereinander befaßt. Gerade Letzteres hat mich immer besonders fasziniert. Es handelt sich dabei um eigene Beobachtungen, von denen ich vieles bei Verhaltensforschern bestätigt gefunden habe. Ich erhebe jedoch keinen Anspruch darauf, daß meine daraus gezogenen Schlüsse richtig und erwiesene Fakten sind. Ich bin lediglich Amateur auf diesem Sektor und freue mich jedesmal, wenn einiges davon mit Beobachtungen anerkannter Forscher übereinstimmt.

Im Tierreich gibt es drei Möglichkeiten der Verständigung: Einmal die akustische durch Schrecklaute, Rufen, Locken etc., zum zweiten die visuelle durch Sichtzeichen, wie Schlagen mit dem Wedel, erregtes Hin- und Hertreten bei hochgestellten Lauschern und gesträubtem Prunk oder Hochsprung (Springbock, Impala), und zum dritten ein Signalisieren auf übergroße Entfernungen, das heute noch unerforscht ist und uns Rätsel aufgibt, die noch der Entschlüsselung harren. Doch daß eine solche Telekommunikation besteht, ist unzweifelhaft und wird von vielen Verhaltensforschern bestätigt. Ich vermute hier eine unbewußte Telepathie, die der Mensch in seinem Urzustand vielleicht auch besaß, die aber im Laufe seiner Entwicklung verschwunden ist.

Interessant und aufschlußreich sind hier vor allem die Wahrnehmungen an Wild, das im Sozialverband lebt. Gewisse Wildarten schließen sich gerne zu großen Herden, zu Rudeln oder zu Sippenverbänden zusammen.

Bergzebras bilden einen strikten Familien-Clan. Ein Gleiches bilden die Elefanten, wobei die weiblichen Stücke mit ihren Kälbern den Kern der Sippschaft bilden, in die auch junge Bullen mit einbezogen werden, während die alten Bullen allein ihres Weges ziehen und nur zur Brunft sich den Sippschaften zugesellen. Raubwild wie Löwen, Wildhunde und gefleckte Hyänen bilden ebenfalls familiengebundene Sozialverbände und jagen in Packs. All diese Sozialverbände haben die ihnen eigene Ordnung.

Die interessantesten Beobachtungen dabei habe ich an Elefanten gemacht, deren Verhalten oft wahrlich erstaunenswert ist. Dazu hatte ich die beste Gelegenheit, als ich fünf Jahre auf einer Pachtfarm lebte, die an das Kaokoveld angrenzte. Dort hatte ich, jahreszeitlich bedingt, einen Bestand von etwa 120 Elefanten als Standwild auf der Farm. Sie kamen, gewöhnlich im Mai, vom nördlichen Kaokoveld hergezogen und verblieben sechs Monate bei uns, um im November wieder in Richtung Kunene zurückzuziehen. Dies war ein Wanderzyklus, den die Elefanten wohl schon seit Tausenden von Jahren einhielten.

Es handelte sich stets um die gleichen Elefanten, die wir immer wieder erkannten, nämlich 3 Sippen und mehrere Einzelgänger, die nun ihre Einstände in den Schluchten der Berge einnahmen. Tagsüber verteilten sie sich auf den Flächen, um dort zu äsen. Am Abend fanden sie sich regelmäßig zur Dämmerstunde beim Haus ein, um dort aus dem Zementbassin zu schöpfen und zu duschen.

Im Grenzgebiet der Farm befand sich ein großer Staudamm, der ebenfalls wechselseitig von den Sippenverbänden frequentiert wurde. Das gab mir reichlich Gelegenheit zu Beobachtungen. Jedes Jahr wurden bei uns zwei bis vier Kälber gesetzt, die von ihren Müttern zwei Monate sorgfältigst verborgengehalten wurden. Dann wurden diese Winzlinge von der Mutter der Sippe zugeführt. Dies habe ich mehrfach erlebt.

Der kleine Stöpsel, der nun schon der Herde folgen kann, rennt zunächst wie besessen unter dem Bauch der weit ausschreitenden Mutter mit und wird, sobald die Sippe erreicht ist, mitten in diese entlassen. Die ganze Sippe ballt sich nun, freudig erregt, um den Neuankömmling, und er wird von allen Mitgliedern des Clans mit dem Rüssel betupft und berochen.

Die Mutter führt zunächst ihr Kalb für einige Monate selber. Doch dann stellt sie eine ihrer Töchter oder eine Jungelefantin als dessen Kindermädchen an, das es nun bewachen und behüten muß. Nur wenn es gesäugt werden will, rennt das kleine Wesen zu seiner Mutter und sucht die Milchquelle zwischen deren Vordersäulen.

Bei einem Mondscheinansitz an dem Staudamm kam eine Gruppe von 25 Elefanten aller Größen völlig lautlos zum Wasser gezogen, einer hinter dem anderen, im üblichen Gänsemarsch. Am Wasser angelangt, als die führende Kuh alles in Ordnung befunden hatte, begann ein fröhliches, ausgelassenes Treiben am und im Wasser. Die Elefanten plantschten, quietschten und trompeteten vergnügt in sorgloser Ungestörtheit. Es war ein köstliches, lautes Getümmel, das sich vor meinen Augen abspielte.

Ich hatte meinen Sattel und die Decke am Fuße des Felsbrockens, auf dem ich saß, ins Gras gelegt: der Wind war ja gut. Da kam mit einem Mal eine große Elefantenkuh gemächlich auf meinen Felsen zugebummelt. Nur wenige Schritte vor mir blieb sie stehen. Sie war an mein Sattelzeug gestoßen, betupfte mit ihrem Rüssel die Gegenstände mit dem menschlichen Geruch und sog die Witterung ein.

Im selben Augenblick hörte das Lärmen der Elefanten schlagartig auf, die Tiere blieben, wo sie gerade waren, wie angewurzelt stehen, erstarrt und ohne noch ein Glied zu rühren.

Die Kuh machte kehrt und eilte auf die nächste Gruppe Elefanten zu. Dort verweilte sie unbeweglich für einige Minuten. Darauf wandten sich zwei Elefanten in meine Richtung und kamen eilig angestapft. Sie untersuchten und betasteten ebenfalls das Sattelzeug. Dann drehten sie eilig um und zogen zurück. Die anderen Elefanten kamen schweigend und lautlos aus dem Wasser. Kein Laut ertönte. Geräuschlos ordneten sie sich in ihre Marschordnung und entschwanden still und schattenhaft, so wie sie gekommen waren.

Die ganze Zeit über habe ich keinerlei akustische Warnung wie Schnauben oder kurzes Trompeten vernommen, und auch visuell war nicht das Geringste zu erkennen. Es kann sich also nur um eine telepathische Signalisierung gehandelt haben. Ähnliche Beobachtung habe ich bei Elefanten wiederholt machen können.

Offensichtlich spielt die akustische Kommunikation im Tierreich eine große Rolle, vor allem im Sozialverband. Wir kennen diese Lautgebungen recht gut, denn als Jäger bekommen wir sie immer wieder zu hören. Da gibt es Schrecklaute, Warnlaute wie auch Lockrufe, die dem Lautäußerungsvermögen der einzelnen Tierarten angepaßt sind. Nur die Giraffe ist keiner Lautäußerung fähig, außer einem sehr leisen Schnauben.

Versprengte Wildhunde und Schakale rufen sich wieder zusammen, wobei der Schakal den Kopf aufwärts streckt und gen Himmel jault, während der Wildhund seinen Kopf dicht zur Erde senkt und sein langgezogenes „juhuuu“ gegen den Boden ausstößt, wohl um den Ruf akustisch besser zu verteilen.

Löwen verständigen sich durch den weithingrollenden Ruf; der des alten Löwen ist um einiges tiefer als der einer Löwin. Dazu zieht der Löwe ganz tief die Luft ein, spannt den Bauch, reckt den Kopf hoch, und sein grollender Ruf kommt stoßweise aus dem geöffneten Fang. Das klingt: aaaooua – aa – aaoouu-ah – aaaooouah – Hu – hu – huuhhh! Nach dieser Strophe bleibt der Löwe stehen und lauscht auf Antwort.

Ist er aber auf Jagd, so ist er es, der grohnt, um den Fängern das Wild zuzutreiben. Es ist jedoch irrig, wenn man glaubt, daß nur die Löwinnen fangen. Männliche und weibliche Löwen sind gleichermaßen daran beteiligt. Die Jagd geht so vor sich, daß die rangniederen Löwen und die Löwinnen des Packs sich in zwei Gruppen teilen, die weitausgreifend das erspähte Wildrudel fächerförmig umgreifen. Sind sie weit genug vor der Front des Rudels angelangt, verteilen sie sich auf ihre Lauerpositionen. Sobald dies geschehen ist, erhebt sich der alte, das Pack beherrschende Löwe und beginnt mit der Jagd.

Wie er erfährt, daß und wo die Fänger auf ihrem Platz sind, ist unerklärt. Ich vermute jedoch auch hier ein telepathisches Signal. Jetzt brüllt der Löwe wiederum seine Strophe, wie ein aufziehendes Gewitter. Dies geschieht aber nicht nur im Stehen, sondern er grohnt auch im Ziehen, ja selbst im Trab. Beunruhigt setzt sich jetzt das Wildrudel, beängstigt durch das drohende Grollen des Löwen, in Bewegung. Dies geschieht nicht in panischer Flucht, sondern in trabender Gangart.

Sowie das Wild die vorliegenden Löwen passiert, preschen diese urplötzlich aus ihren Verstecken hervor und brechen in das Rudel ein. In der entstehenden Verwirrung gelingt es den Löwen oft, daß sie ein oder zwei Stücke der kopflos flüchtenden Tiere reißen. Doch nicht immer ist dies der Fall, denn in der Regel kommen auf einen gemachten Riß zwei bis drei Fehlfänge.

Ist ein Riß gelungen, so fallen die Fänger möglichst lautlos drüber her, um schnellstens ein paar Happen zu ergattern, bevor der Pascha eintrifft. Dieser hat längst den Fangplatz geortet und kommt in langen Sätzen herangestürmt. Brutal schlägt er alle Konkurrenten vom Riß ab und nimmt diesen für sich in Besitz. Erst wenn er sich vollgeludert hat, dürfen die anderen Löwen sich um die Reste vom Riß raufen. Dabei sind die Löwinnen keine guten Tiermütter, denn rücksichtslos schlagen sie ihre eigenen mitlaufenden Welpen ab. Diese dürfen erst dann an das verbliebene Gerippe heran, wenn alle Großen satt sind. Daher erreichen von jedem Wurf nur die beiden stärksten Welpen das Erwachsenenalter.

Auf andere Art jagen die Wildhunde und die Tüpfelhyänen. Nämlich so, wie wir es von Wölfen kennen. Auf der Jagd führt der Kopfhund das Rudel an. Das hetzende Pack umkreist das Rudel und hetzt die fortflüchtenden Tiere in wechselnder Stafette. Die sehr schnellen Hunde drängen das Rudel in einen sichelförmigen Fluchtweg, den nun ein Teil der Hunde auf der Sehne abzuschneiden versucht. Sobald aber das Rudel in einer gegenseitigen Kurve abbiegt, schneiden die ersten Hunde auf dieser Sehne ab.

Auf diese Weise werden die gejagten Tiere ermüdet, und die Hunde reißen nun, was sie zu fassen kriegen; dabei verbeißen sich immer mehrere Hunde in ein Stück und ziehen es zu Boden. Dort reißen sie es buchstäblich in Fetzen. Es klingt grausam, ist aber eine sehr viel raschere Tötungsart, als die des Löwen, der seine Beute erstickt, vor allem mit gekonntem „Schnauzenbiß", was qualvolle fünf bis zehn Minuten dauern kann. Am Riß sind die Wildhunde viel freundlicher als die Löwen. Sie lassen den Welpen und Junghunden bereitwilligst den Vortritt.

Kehrt nach dem Riß das Pack zum Lagerplatz zurück, wo die ganz kleinen Welpen und deren Hüter warten, so würgen sie diesen heruntergeschlungene Fleischbrocken vor, sobald diese die Ankömmlinge mit hündischer Bettelgebärde umtanzen (Lawick-Goodall). Auch die Wildhunde zeigen eine über große Strecken reichende Kommunikation, die auch Trumler bei seinen Dingos erwähnt.

Auch versprengtes Schalenwild kann sich auf große Entfernung wieder zusammenfinden. So habe ich einmal ungewollt ein halbwüchsiges Kudukalb mit dem Auto von seiner wegflüchtenden Mutter getrennt. Die Kuh hatte vor mir einen Kampzaun überfallen, und das Kalb war noch zu klein, um den Zaun ebenfalls überwinden zu können. Es rannte erst gegen die Drähte, drehte dann um und flüchtete in den Busch.

Ich sah das Kalb langsam, aber zielstrebig in die fast entgegengesetzte Richtung davonziehen, was mich besorgte, also pirschte ich dem Kalb nach. Dies hielt die Richtung auf einen fernen Bergzug ein und durchkroch dazu zweimal einen Kampzaun unter einem Durchschlupf, der ihm wohl bekannt war. Ich folgte weiter, um festzustellen, ob das Kalb sich verlaufen würde. Mit einem Mal verfiel es in eine schnellere Gangart und eilte schließlich in langen Fluchten den Berg halbhoch. Dann verhoffte es mit hochgestellten Lauschern.

Ob es nach seiner Mutter rief, konnte ich nicht vernehmen, dafür war es zu weit. Mit dem Glas sah ich jedoch, wie ein Alttier sich aus den Büschen löste und auf das Kalb zueilte. Bei diesem angelangt, begann sie das Kalb freudig zu belecken und zu säugen. Ich erkannte daran, daß es die rechte Mutter sein mußte, denn kein Kudutier würde ein fremdes Kalb belecken oder gar säugen.

Wie aber konnte das Kalb wissen, daß seine Mutter auf diesem abgelegenen Berg steckte?

Dafür gibt es nur zwei Antworten, entweder es handelt sich auch hier um einen Fall von Telekommunikation oder der bebuschte Berghang war dem Kalb als Einstand, in dem es seine Mutter suchen würde, bekannt.

Nashorn (Foto: H. E. v. Koenen)

Afrikanischer Elefant (Foto: Fr. Kirchner)

Südafrikanischer Spießbock ♀ (Foto: V. Grellmann)

Gnus (Foto: E. v. Koenen)

Die Jagdausübung

Kleidung

Zur Ausübung der Jagd gehört eine zweckmäßige Ausrüstung, denn Südwest ist klimatisch und geographisch ein sehr hartes Land. Fast alle Büsche und Bäume sind dornbewehrt, die Gräser tragen Saatgrannen mit Widerhaken und bohren sich durch Wollsocken und weiche Stoffe. Da gibt es z. B. die Buschmannspfeile, kleine schwarze Saatstäbchen, die sich an der Kleidung festhängen, und es gibt dichtes Klettgras. Der Boden ist hart und trocken, sandig oder sehr steinig. Es kann sehr, sehr heiß, aber auch mörderisch kalt werden. All diesen Dingen ist Rechnung zu tragen bei der Auswahl der Kleidung.

Der Jagdanzug für den Busch besteht aus hartem, widerstandsfähigem Drell, durch den weder Dornen noch stechende Grassaat dringen können. Die Hosen müssen lang sein und über die Stiefel hinunterreichen oder in die Stiefel gesteckt werden können. Dazu eine Jacke aus gleichem Material mit genügend vielen und großen Taschen. Als unauffällige Tarnfarbe im Gelände ist Khaki oder eine grau-gelbliche Farbe angebracht. Grüne Farbe, wie wir sie in Deutschland tragen, ist ungeeignet. Helle Farben fallen im hiesigen Gelände weniger auf als dunkle, weshalb die Schutztruppe als Reitpferde einst Schimmel bevorzugte. Der Hut muß auch khakifarben oder gelblich gefärbt sein.

Als Schuhwerk eignen sich am besten leichte, luftige, aber robuste Stiefel, die über die Knöchel reichen und oben zugeschnallt werden können.

Wer etwas Proviant mit sich führen will, verstaut dieses im Rucksack oder in der Jagdtasche. Als Proviant für einen längeren Fußmarsch eignet sich ein Gemisch aus Rosinen und Nüssen und ein paar Backpflaumen.

Zum Ansprechen gehört ein gutes Glas von wenigstens acht- bis zehnfacher Vergrößerung. Es darf nicht zu groß und nicht zu schwer sein. Die Schußentfernungen sind hier im allgemeinen ziemlich groß. Die normale Schußentfernung beträgt etwa 200 bis 250 Meter. Daher darf das Zielfernrohr keine zu starke Vergrößerung besitzen, eine vier- bis sechsfache genügt, weil man sich sonst zu allzuweiten Schüssen verleiten läßt.

Die Büchse wird auf die genannte Entfernung eingeschossen. Unser Wild ist hart und zäh, daher soll das Kaliber nicht unter 8 mm liegen.

Um einen sicheren Schuß abgeben zu können, ist ein Zielstock eine sehr empfehlenswerte Zielhilfe, außerdem eine bequeme Stütze auf der Pürsch. Der Zielstock bietet den großen Vorteil, daß man sofort schußbereit ist; denn hier ist im Gelände fast nie ein Stämmchen oder eine Astgabel vorhanden, um sicher Anstreichen zu können. Kniend zu schießen, ist oft wegen des hohen Grases nicht möglich.

Die Jagdwaffe muß auf dem öffentlichen Verkehrsweg zur Jagdfarm im Futteral verhüllt sein. Erst im Jagdrevier darf sie herausgenommen werden. Das Gewehr ist stets mit der Mündung nach oben zu tragen. Solange der Schütze sich in einem Fahrzeug befindet, darf keine Patrone im Lauf sein. Die Büchse kann aber unterladen sein, so daß sich jederzeit eine Patrone einrepetieren läßt. Kipplaufgewehre dürfen erst nach Verlassen des Fahrzeuges geladen werden.

Jagdgewehre

Wichtig für den Gastjäger aus Übersee ist die Wahl der Jagdwaffe. Da die Ein- und Ausfuhr einer Jagdwaffe mit keinerlei Schwierigkeit verbunden ist, ist es immer ratsam, daß der Gastjäger seine eigene Büchse mitbringt, die er kennt, die ihm liegt und mit der er sich sicher fühlt. Er muß im Hinblick auf sein Gewehr wissen, daß es sich bei den afrikanischen Großantilopen um äußerst hartes und widerstandsfähiges Wild handelt, das in den seltensten Fällen im Schuß liegt. Bei schlechtsitzenden Schüssen erweist es sich als überaus zählebig. Deshalb ist die Kaliberfrage von ausschlaggebender Bedeutung. Es seien darum einige gängige Kaliber und Geschoßarten genannt, die für hiesige Verhältnisse empfehlenswert sind:

7 mm S. E. vom Hofe ToSto		11,0 g
7 × 75 R. S. E. vom Hofe ToSto		8,0 g
8 × 68 S	H-KuHo	12,1 g
	KS	11,7 + 14,5 g
9,3 × 62	H-KuHo	16,7 g
	TUG Brenneke	19,0 g
9,3 × 64	TUG Brenneke	19,0 g
9,3 × 74	RH-KuHo	16,7 g

Wer für leichtere Wildarten wie Springbock, Impala, Kleinantilopen und Keiler auch eine leichtere Büchse mitbringen will, kann hierfür das Gewehr führen, mit dem er zu Hause seine Rehböcke schießt.

Betreffs zulässiger Schußwaffen bei Ausübung der Jagd steht in der entsprechenden Verordnung:

§ 42 (1): Bei der Jagd auf Wild darf niemand einen Revolver, eine Pistole, eine automatische Schußwaffe oder andere Schußwaffe benutzen, deren Geschoß bei Verlassen der Mündung eine kleinere Durchschlagskraft als die für die Jagd auf die nachstehenden Wildarten angegebene hat:

(a) 5400 Joule: Büffel

(b) 2700 Joule: Eland, Kudu, Oryx, Kuhantilope und alle exotischen Wildarten

(c) 1350 Joule: Springbock, Steinböckchen, Kronenducker.

Ansprechen

Zum Ansprechen des Wildes gehören eine genaue Kenntnis und genügend Erfahrung.

Handelt es sich um Antilopen, bei denen das weibliche Wild kahl geht, wie es bei Kudu, Lechwe, Wasserbock und Impala der Fall ist, ist das Ansprechen ziemlich einfach. Das bleibt für den hiesigen Jäger jedoch auf den Kudu beschränkt, denn die anderen genannten Antilopen kommen auf unseren Südwester Farmen fast nicht vor.

Beim Kudu unterscheidet sich das Alttier vom Schmaltier schon durch seinen größeren Körperbau und durch die Farbe, die beim ausgewachsenen Kudu graubraun ist, während Schmaltiere und große Kälber eine rötliche Färbung aufweisen.

Der junge Bulle ist bis zum 4./5. Jahr hellgrau, der Hals ist noch schlank, die Stangen sind dünn, hell und zeigen scharfe Spitzen.

Der alte Bulle wird dunkelgrau bis fast blauschwarz. Der weiße Gesichtswinkel ist nicht mehr so ausgeprägt. Die Stangen sind dunkel, haben an der Basis dicke Wülste, sind durch Brunftkämpfe angeschlagen und gesplittert und besitzen ganz stumpfe Spitzen. Ein alter Bulle wirkt massig und schreitet schwer und gewichtig daher.

Handelt es sich um Antilopen, bei denen beide Geschlechter horntragend sind, so ist das Ansprechen schon bedeutend schwieriger. Junge Stücke sind leicht anzusprechen. Sie sind im Körperbau leichter, der Hals ist dünn, das Gehörn zeigt keine Masse und ist an der Basis noch ohne „Strümpfe".

Bei der Oryx ist die Unterscheidung zwischen Bulle und Kuh für den unerfahrenen Jäger fast nicht möglich. Nur wenn das Stück frei steht, kommt beim Bullen der Pinsel deutlich zur Geltung, während die Kuh einen prallen, runden Bauch besitzt. Der Unterschied im Gehörn ist schwieriger anzusprechen. Die Kuh hat im allgemeinen die längeren, etwas dünneren Stangen. Diese sind häufig leicht säbelartig nach hinten gekrümmt. Der Bulle zeigt mehr Masse, vor allem an der Basis, die Stangen haben, von vorn gesehen, oft eine etwas O-förmige Krümmung. Der Schädel des alten Bullen ist über den Lichtern breiter und schwerer, auch der Körper ist beim Bullen massiger und trägt einen dicken Hals.

Beim Hartebeest ist es ähnlich. Alte weibliche Stücke haben oft ein sehr großes, hohes Gehörn. Doch fehlt immer die Masse. Der alte Hartebeest-Bulle zeigt ein ganz schweres knorriges Gehörn mit tiefen Rillen und Falten. Der Schädel ist breit, die Maske schwarz, die übrige Färbung ganz dunkel rotbraun.

Beim Springbock ist das Ansprechen schon leichter. Das Gehörn der Ricke ist auffallend dünner als beim Bock. Die Stangen stehen auch etwas enger zusammen und weisen bei alten Ricken eine ausgesprochen zierliche Lyraform auf. Der Körperbau der Ricke ist auch bedeutend leichter. Der Hals bleibt dünn und lang, die Schattierung der Decke ist eine Kleinigkeit heller als beim guten Bock. Der Bock hat bedeutend stärkere und auch längere Stangen. Beim alten Bock sind die „Strümpfe" an der Basis besonders ausgeprägt und gedrängt. Das Gehörn weist eine schöne Lyraform auf, die Spitzen sind etwas nach hinten gebogen. Der alte Bock sticht auffallend aus dem Rudel hervor, der Hals ist schwer und dick, das rote Dreieck auf dem Grind wirkt blaß und verwaschen. Im Alter wird die Nase immer ramsiger.

Das Ansprechen der Warzenschweine ist ebenfalls nicht leicht, wenn man ihnen unerwartet im Feld begegnet. Dann stehen sie im hohen Gras, Bauch und Unterseite sind verdeckt. Eine alte Bache trägt erhebliche Waffen, wenn auch die Haderer schwächer und etwas kürzer als beim Keiler sind. Aber durch das Blitzen prahlen sie und können den Jäger täuschen.

Die Bache ist etwas kleiner als der Keiler. Meist führt sie Frischlinge oder hat noch Überläufer bei sich.

Eine führende Bache fällt schon dadurch auf, daß sie abgekommen und eingefallen ist. Hat man sie frei vor sich, kann man das Gesäuge deutlich erkennen.

Junge Keiler kommen häufig zu zweit oder zu dritt. Die Haderer stehen etwa fingerlang seitlich aus dem Gebrech. Alte Keiler kommen meist alleine oder, wenn die Bache rauscht, eine kleine Weile nach ihr. Der gute Keiler ist auffallend groß und schwer. Die Waffen stehen blitzend weit seitlich hervor und krümmen sich über das Gebrech. Die Haderer eines guten Keilers stehen etwa eine Handbreit aus dem Oberkiefer heraus. Zudem ist beim Keiler das Kurzwildpret zwischen den Keulenbacken gut zu erkennen.

Jagdarten

Die schönste Art des Jagens ist das Pürschen. Es heißt aber richtig: Beim Pürschen ist schon einer zu viel! Zum Pürschen gehören Zeit und Ruhe. Beim Pürschen beschränkt man sich hier auf zwei, höchstens drei Personen, den Jagdführer, den Jagdgast und einen eingeborenen Fährtenleser. Jede weitere Person ist störend und zwecklos.

Der Gastjäger ist auf seinen Jagdführer oder den Berufsjäger angewiesen. Er soll ihn an das Wild heran- und zu Schuß bringen.

In diesem Falle pürscht der Fährtenleser voran, ihm folgen Jagdführer und Jagdgast, und zwar möglichst dichtauf, genau in seiner Spur, so daß sie vom Voranpürschenden gedeckt sind und gleichsam als eine Person erscheinen. Seitliche Bewegungen sind möglichst zu vermeiden. Falls das Wild aufmerksam wird und Verdacht schöpft, müssen die Pürschenden sofort in Hockstellung gehen und sich damit klein machen. Meist wird das Stück dann neugierig, äugt einige Zeit angespannt, zieht auf die Hockenden zu, um festzustellen, was das ist.

Die Art des Pürschens richtet sich ganz nach dem jeweiligen Gelände. Ist es eben und sehr buschbewachsen, die Sicht begrenzt, dann empfiehlt sich das sogenannte Stehpürschen. Man pürscht in gutem Wind langsam, Schritt für Schritt, voran und bleibt immer wieder in bestimmten Abständen stehen, um eine Weile zu lauschen und in die Lücken zu spähen, ob etwas zu hören ist, sich etwas rührt oder ob eine Bewegung im Busch zu erkennen ist.

Oft, wenn man eine Weile so lauschend steht, vernimmt man vor sich das rupfende Geräusch äsenden Wildes, man sieht einen Buschwipfel sich bewegen, weil Kudus daran äsen, oder man hört die leisen Laute wechselnden Wildes oder das Klicken der Schalen des Elands.

Ist das Gelände etwas kupiert und von Bergkuppen und Hügeln durchzogen, dann pürscht man vorsichtig an eine Kuppe heran, steigt langsam, immer wieder Ausschau haltend, empor und setzt sich, oben angekommen, für eine Weile an. Man kann von hier aus die ganze Gegend beobachten und einsehen. Häufig wird es geschehen, daß irgendwo im Tal Wild auftaucht, das man nun anpürschen kann.

Ist das Gelände flach und offen, wie meist im Süden, wird das Pürschen schon schwieriger. Kleine Sprünge von Springböcken oder Einzelstücke kann man anpürschen, indem man sich von Busch zu Busch heranarbeitet. Bei einem großen Rudel, das weit auseinandergezogen äst, geht das meistens nicht. Manchmal hilft es, daß man, wenn die ersten Stücke unruhig werden und äugen, sich langsam zu Boden sinken läßt und unbeweglich sitzen bleibt. Springböcke sind neugierig. Wenn sich nichts mehr regt, kommen sie Stück für Stück herangezogen, um die Ursache der Beunruhigung zu ergründen.

Im Osten, in der Kalahari, läßt es sich im Dünengelände recht gut pürschen. Man fährt an eine Düne heran, verläßt dort den Wagen und steigt auf die Düne. Oben schaut man dann vorsichtig über den Dünenkamm in das dahinterliegende Dünental und sucht es mit dem Glas nach Springböcken ab. Hat man ein Rudel entdeckt, dann geht man wieder zurück und fährt weiter, bis man in gleicher Höhe mit den Springböcken zu sein glaubt, und steigt nun wieder auf die Düne, um die Böcke evtl. unter sich zu haben. Oft kommt man dabei schon von der Düne aus zu Schuß.

Aufgrund meiner Erfahrung im Verlauf einer fast 60jährigen Jagdausübung in Afrika möchte ich dem Gastjäger den dringenden Rat geben, vom Gebrauch des Stechers abzusehen. Dafür gibt es zwei triftige Gründe: Einmal hat man beim Pürschen und auch beim Pürschfahren niemals die benötigte ruhige Auflage, die weder der Zielstock noch die Schulter des Jagdführers bieten. Zum zweiten benötigt das Stechen zu viel Zeit. Als dritter Punkt kommt noch das Mucken dazu, das vielen Stecherschützen eigen ist, obwohl sie es immer abstreiten.

Als Berufsjäger gehört es zu meiner Aufgabe, sowohl meinen Jagdgast als auch das zum Abschuß freigegebene Stück gleichzeitig im Auge zu behalten. Dabei habe ich wiederholt festgestellt, daß der Stecherschütze im Augenblick des Schusses muckte und manchmal sogar dabei das Auge zukniff. Dem Schützen selber kommt dies überhaupt nicht zum Bewußtsein. Damit sei nicht gesagt, daß der Schuß unbedingt schlecht sitzen muß. Sehr oft passiert es aber doch, daß der Schuß irgendwo auf dem Wildkörper sitzt und nicht auf dem Blatt wie angesagt. Das gibt dann lange Nachsuchen, und ich danke dem Himmel, daß ich stets einen guten Hund zur Seite habe.

Ein weiterer Nachteil des Stechens, der oft negative Folgen haben kann, ist, daß mit dem Einstehen Zeit vertrödelt wird. Manch günstige Gelegenheit wird damit verpaßt. Der Schütze holt tief Luft, geht sorgfältig ins Ziel, dann tastet der Finger nach dem Stecher, bis dieser leise einrastet. Inzwischen ist das Stück entweder bereits abgesprungen, oder es hat seine Position so weit verändert, daß ein Schuß nicht mehr möglich ist. Ganz schlimm ist es, wenn der Schütze den Schuß nicht mehr verhalten kann, und er geht entweder vorbei oder, was noch ärgerlicher ist, er sitzt dem spitz wegziehenden Stück irgendwo hinten drauf. Eine schwierige Nachsuche mit zweifelhaftem Ausgang ist dann die Folge.

Feste Regel ist es jedoch, „Stecher in Ruh" bei der Nachsuche. Unser Wild ist bekannt hart und zäh. Fast nie liegt es im Feuer, und eine Nachsuche ist schon fast die Regel. Nur wenige unserer Jagdführer führen einen wirklich firmen Hund. Krankes Wild flüchtet mit Vorliebe in den Dickbusch. Daher steht man beim Nachfolgen oft unvermutet vor dem kranken Stück im Wundbett. Es ist nur undeutlich im Gestrüpp auszumachen. Der Schütze muß zusehen, daß er eine Lücke findet, durch die er den Fangschuß anbringen kann. Wenn dann, was bei einem Oryx oder Keiler leicht der Fall ist, das Stück urplötzlich auf die Läufe springt, um anzunehmen, und der Schütze hat seine Büchse bereits eingestochen, dann fährt ihm der Schuß ungewollt aus dem Lauf und kann seine Begleiter gefährden. Der Schütze selbst ist dem Angriff mit leergeschossener Büchse wehrlos ausgesetzt.

Eine weitere Regel, die vor allem bei der Pürsch zu beachten ist: Man soll möglichst keine glänzenden Gegenstände bei sich tragen, die das Sonnenlicht reflektieren könnten. Da wird schon die Armbanduhr leicht zum Verräter. Beim Gehen schwingt der Arm auf und ab, und das Uhrglas wirft grelle Blitze in die Gegend. Das Wild erkennt sofort die nahende Gefahr. Auch dunkle Brillengläser blitzen ganz gefährlich, mehr noch als ungefärbte. Daher ist es ratsam, einen breitkrempigen Hut zu tragen, der die Stirnpartie ausreichend beschattet.

Ganz gefährlich sind Büchsen mit auf Hochglanz polierter Schäftung und nicht matt brünierten Zielfernrohren. Das wurde mir einmal besonders einprägsam vor Augen geführt, als ich mit einem Jagdgast auf einer

Anhöhe verweilte, von der aus wir die unter uns liegende Steppe absuchten. Da trafen unaufhörlich grelle Blitzstrahlen unser Auge. In sieben Kilometer (!) Entfernung pürschte einer meiner Kollegen mit seinem Gast, der eine solche Hochglanzbüchse führte. Es blinkte und blitzte, als ob ein verchromter Straßenkreuzer durch die Büsche führe. Überall sahen wir hochflüchtiges Wild herumpreschen.

Die europäischen Jäger kennen und wissen das natürlich nicht, denn drüben wird kaum noch am Tag gejagt. Außerdem ist der Himmel meist bedeckt oder mit Smog überzogen, so daß die Sonne nie in voller Helle durchdringt. Hier dagegen scheint die Sonne fast immer in strahlender Helle. Der Himmel ist rein und das Gelände weit und offen. Jeder spiegelnde Gegenstand wirkt daher wie ein Heliograph.

Eine zweite Art des Jagens ist das Pürschenfahren. Das geschieht mit dem Auto. Der Fahrer fährt langsam die Farmwege ab, während der Jäger hinten auf der Ladefläche steht und beobachtet.

Ist Wild in Sicht, das den Wagen meist aushält, dann stoppt der Wagen an günstiger Stelle in Deckung, der Schütze steigt ab, der Wagen fährt weiter, wobei er sich vom Wild mehr und mehr entfernt.

Das Wild äugt kurze Zeit hinter dem davonfahrenden Wagen her und beruhigt sich bald wieder. Nun hat der Jäger Gelegenheit und Zeit, sich an das Wild heranzuarbeiten und zu Schuß zu kommen. Diese Methode bewährt sich besonders bei Oryx und Hartebeest.

Im offenen Gelände des Südens gelingt es oft, wenn der Fahrer langsam hinter wegflüchtenden Springböcken herfährt, die immer wieder verhoffen und jedesmal den Wagen ein bißchen näher heranlassen, bis auf Schußentfernung heranzukommen.

Die angenehmste Jagdart, besonders wenn ein Jäger nicht mehr so gut zu Fuß ist, ist der Ansitz. Man kann an günstiger Stelle sich an einem Wechsel, an einem Maisfeld, an einem Staudamm oder an einem Wasserloch ansetzen. Letzteres ist besonders für Sauen empfehlenswert; denn Warzenschweine sind Tagtiere. Sie wechseln bereits vormittags zu den Wasserstellen, sobald die Sonne heiß brennt. Zwischen 10 und 12 Uhr am Vormittag und zwischen 16 Uhr bis kurz nach Sonnenuntergang ist die „Hauptschweinezeit". Führende Bachen, Überläufer und geringe Sauen kommen gewöhnlich zuerst. Die alten Keiler und groben Sauen erscheinen oft spät und halten sich nur kurz auf. Beim Ansitz ist unbedingt auf guten Wind zu achten. Man muß auch gut gedeckt sein; denn gut äugendes Wild, wie Perlhühner und Wildgänse, aber auch Paviane schlagen sofort Lärm und warnen, wenn sie den Jäger entdeckt haben.

Die Stöberjagd und der Ansitz auf dem Strich bringen viel Freude und

Mähnenlöwe (Foto: H. E. v. Koenen)

Löwinnen (Foto: H. E. v. Koenen)

Geparden (Foto: V. Grellmann)

Steinböckchen ♀ (Foto: V. Grellmann)

Springbock mit aufgehendem Prunk (Foto: V. Grellmann)

Elenantilope ♂ (Foto: V. Grellmann)

Oben links: Schnitt von Kinnspitze zum Brustkern; Drossel und Schlund werden freigelegt. Rechts: Pinsel mit Brunftrute wird rausgelöst und bis zum Ende nach hinten zurückgerissen. Das Kurzwildpret wird gespalten, und beide Brunftkugeln werden abgetrennt. Unten links: Die Decke wird bis zum Bauchfell aufgeschärft. Der Schnitt erfolgt von der Rippennaht bis zum Weidloch. Dann wird das Bauchfell vorsichtig an einer Stelle aufgetrennt und mit 2 Fingern unter dem Messerrücken bis zu den Rippen aufgeschlitzt. Rechts: So liegt der Bock mit ausgeworfenem Gescheide, der Aufbruch ist nach innen.

Überraschung. Dafür ist aber ein Hund erforderlich. Zum Beispiel habe ich Perlhühner und Frankoline mit Erfolg mit dem Dackel bejagt.

Der Ansitz auf Flughühner am frühen Vormittag verspricht immer Waidmannsheil. Günstig ist es, sich nahe einer leckenden Viehtränke anzusetzen. Dort fallen die Flughühner vorzugsweise ein.

Der Standort wird so gewählt, daß er über eine Schrotschußweite von der Einfallstelle entfernt liegt, damit die anfliegenden Hühner für den Schuß noch hoch genug sind. Man kann dabei ziemlich offen stehen. Flughühner sind in dieser Beziehung unempfindlich. Die Flüge kommen in Zahl von 12 bis 30 Stück in ununterbrochener Folge. Im Verlaufe eines Striches können es über tausend Hühner sein, die im Anflug sind. Der Strich beginnt fast genau um 8 Uhr vormittags und endet um 11 Uhr. Nachmittags und abends streichen die Flughühner kaum.

Verhalten vor und nach dem Schuß

Wie schon erwähnt, ist das Wild Afrikas besonders zäh und hart. Daher ist das richtige Verhalten des Jägers vor und nach dem Schuß von großer Bedeutung.

Vor dem Schuß muß der Jäger darauf achten, wie das Wild steht, ob es frei ist, ob keine Zweige oder Grashalme in die Schußbahn ragen, wo er den Schuß anbringen kann. Der beste Schuß ist immer der Blattschuß von der Seite.

Der Schuß auf den Stich, spitz von vorne, ist dann angebracht, wenn die Entfernung nicht zu groß ist und das Stück ganz frei steht. Von Trägerschüssen ist abzusehen, gleich ob von vorne oder ob von der Seite. Trägerschüsse gelten in Jägerkreisen als nicht waidgerecht, weil die Möglichkeit, Wild zu Holze zu schießen, dabei weit größer ist als bei jeglichem Kastenschuß. Der Trägerschuß ist nur als Fangschuß im Wundbett zulässig.

Im Schuß hat der Jäger auf die Schußzeichen zu achten. Der Kugelschlag, der oft zu hören ist, kündet, daß das Stück die Kugel hat. Heller, normaler Kugelschlag läßt auf Blattschuß schließen. Dumpfer Kugelschlag mit bluffartigem Ton deutet auf Pansenschuß, harter, knallender Kugelschlag auf Knochenschuß. Bei einem Schuß durch das kleine Gescheide ist meist kein Kugelschlag zu vernehmen.

Das Zeichnen des Wildes im Schuß läßt wichtige Schlüsse auf den Sitz der Kugel zu. Beim guten Blattschuß, vor allem wenn Herz oder Schlagader getroffen sind, macht das Stück einen Satz nach vorne und stürmt blindlings mit tiefem Haupt in rasender Flucht geradeaus davon. Es beschreibt am Ende der oft kurzen Fluchtfährte einen Halbkreis und bricht dann zusammen, wobei es gewöhnlich auf dem Einschuß liegt.

Bei einem Lungenschuß ist das Zeichnen ähnlich, das Haupt wird nicht ganz so tief gehalten, es wird viel Schweiß zu beiden Seiten der Fluchtfährte ausgehustet und verspritzt.

Bei Leberschüssen springt das Stück senkrecht in die Höhe, flüchtet schnell weg und geht bald ins Wundbett. Es verendet nach etwa 20 Minuten. Beim Schuß tief auf den Brustkasten steilt das Stück im Schuß so hoch, daß es sich fast überschlägt und stürmt davon. Das Stück geht bald ins Wundbett und bleibt darin längere Zeit, bevor es verendet, je nachdem, welche Organe in Mitleidenschaft gezogen sind.

Beim Schuß auf den Pansen zuckt das Stück ruckartig zusammen und zieht meistens langsam ab, um nach kurzen Fluchten schneller zu werden. Es geht dann ins Wundbett, kann aber noch Stunden am Leben bleiben.

Das gleiche gilt vom Schuß ins kleine Gescheide. Bei einem solchen Schuß zeichnet das Wild fast nicht. Es zieht wie gesund ab und geht ebenfalls außer Sichtweite ins Wundbett. In diesem Falle lebt das Wild noch sehr lange.

Die beiden letzten Schüsse sind Waidwundschüsse. Das Wild darf unter keinen Umständen hochgemacht werden, denn mit derartigen Schüssen geht es noch kilometerweit, wenn es sich verfolgt fühlt. Es tut sich dann nicht so schnell wieder nieder.

Beim Vorderlaufschuß stürzt das Stück vorne zusammen oder überschlägt sich, um schwerfällig mit schlenkerndem Vorderlauf zu flüchten.

Beim Hinterlaufschuß knickt das Stück hinten ruckartig ein und flüchtet ebenfalls zunächst schwerfällig davon.

Diese Schwerfälligkeit bei Laufschüssen hält nur kurze Zeit an; denn bald wird das Stück auf drei Läufen wieder beweglicher. Laufkranke Stücke läßt man bis außer Sichtweite weg, um dann vorsichtig und still hinterher zu pürschen. Das laufkranke Stück verfällt nach kurzer Zeit in ein langsames Ziehen, wobei es deutlich schont.

Beim Nierenschuß springt das Stück oft senkrecht hoch und bleibt mit gekrümmtem Rücken stehen, um dann schwerfällig, langsam fortzuziehen. Hier hat man meist Zeit zu einem Nachschuß. Wenn nicht, so geht das Stück bald ins Wundbett, in dem es fest sitzen bleibt.

Bei Rückenschüssen, die das Rückgrat durchschlagen, liegt das Stück im Feuer und kommt nicht mehr hoch oder nur mit dem Vorderkörper, wobei der rückwärtige Körperteil nachgeschleift wird.

Bei Krellschüssen wird nur der dornartige Fortsatz eines Wirbels gestreift. Dann stürzt das Stück wie vom Blitz erschlagen zusammen, liegt auf dem Rücken und schlägt mit den Läufen. Nach wenigen Sekunden springt es mit einem Ruck wieder auf die Läufe und flüchtet auf Nimmerwiedersehen. Krellschüsse wirken nicht tödlich, das Stück wird nicht verludern. Es erholt sich schon nach kurzer Zeit und bleibt völlig gesund.

Nachdem der Schuß heraus ist, kommt es besonders auf das richtige Verhalten des Jägers an. Jede Hast und Unruhe muß streng vermieden werden. Zunächst markiert der Jäger seinen Standort. Das geschieht durch das Aufhängen eines bewurzelten Grasbüschels mit dem Wurzelwerk nach oben.

Danach gilt es, den Anschuß festzustellen. Hat man einen Begleiter, dann kann der Schütze ihn von seinem Standort aus mit Handzeichen einwinken. Zurufe sind zu vermeiden.

Ist kein Begleiter dabei, dann muß der Schütze den Anschuß selbst suchen.

Am Anschuß überprüft der Jäger an Hand der vorgefundenen Pürschzeichen seine beim Zeichnen des Wildes gemachten Beobachtungen.

Pürschzeichen sind alle Anzeichen, die auf den Sitz der Kugel schließen lassen. Das sind also Schweiß, Schnitthaar, Rupfhaar, Knochensplitter, Wildpretteilchen, Panseninhalt, Geschlingefetzen und auch die Eingriffe.

Schnitthaar: Haar vom Einschuß, welches durch die Kugel wie abgeschnitten vom Körper abgestanzt wird.

Rupfhaar: Haar vom Ausschuß, welches durch die Kugel mit der Haarwurzel beim Heraustreten des Geschosses abgerupft wird. Rupfhaar liegt oft etwas hinter dem Anschuß.

Rißhaar: Haar von einem Streifschuß, meist mit Haut und Wildpretrestchen verbunden.

Zunächst wird der Anschuß markiert. Der weitere Fortgang der Nachsuche richtet sich ganz nach den am Anschuß gemachten Feststellungen. Es ist immer richtig, die Nachsuche nicht sofort zu beginnen.

Ist man überzeugt, daß das Stück einen guten Blattschuß hat und bereits verendet sein muß, so genügt eine Zigarettenpause. Nun kann man der Wundfährte folgen, bis man vor dem gestreckten Stück steht.

Hat man es mit einem Weidwund-, Leber- oder tiefen Kastenschuß zu tun, oder ist man sich des Sitzes der Kugel nicht ganz sicher, so darf die Wartezeit nicht unter einer Stunde sein, mindestens aber eine Dreiviertelstunde dauern.

Nach Ablauf dieser Zeit kann man erwarten, daß das schwer kranke Wild entweder verendet oder doch so steif und fest im Wundbett sitzt, daß es den Jäger nahe genug heranläßt und dann, wenn es hoch wird, schwerfällig und langsam wegzieht bzw. flüchtet, die Kugel erhält.

Daher ist es wichtig, daß man beim Folgen der Wundfährte völlige Ruhe bewahrt. Rufen, Sprechen und klappernde Geräusche sind bei der Nachsuche unbedingt zu vermeiden.

Die Büchse muß, möglichst ohne Zielfernrohr, schußbereit in der Hand getragen werden. Hat man einen eingeborenen Spurenschneider dabei, so muß der die Fährte halten, der Schütze geht hinter ihm und behält die Gegend vor sich scharf im Auge. Ist der Jäger alleine, so arbeitet er sich Schritt für Schritt voran, von Eingriff zu Eingriff, von Schweißtropfen zu Schweißtropfen. In geregelten Abständen bleibt er stehen, um die Gegend vor sich sorgfältig abzuspähen.

Ist man so bis zum Wundbett gelangt und ist das Stück noch am Leben, gibt man ihm den Fangschuß auf den Träger.

Bei Laufschüssen beginnt man mit der Nachsuche sofort, sobald das Stück außer Sicht ist. Der Jäger folgt dem kranken Stück möglichst vorsichtig. Jedes laufkranke Stück, das sich nicht verfolgt fühlt, verfällt bald in ein langsames Ziehen. Es schont sichtbar und verhofft häufig. Sowie das Stück zurückäugt, verharrt der Jäger völlig regungslos. Er muß immer versuchen, etwas in Deckung zu bleiben und darauf achten, daß er das Stück nicht aus dem Auge verliert. So kann er sich immer näher an das kranke Stück heranarbeiten, bis er schließlich nochmals zu Schuß kommt.

Ist ein guter Hund zur Hand, so ist dieser sofort zu schnallen, um das laufkranke Stück zu Stande zu hetzen und zu stellen.

Ist die Nachsuche erfolgreich verlaufen und das Stück zur Strecke gebracht, oder war keine Nachsuche notwendig, und das Stück lag im Feuer, geht es an die Versorgung des Wildes.

Versorgen des Wildes

Der Vorgang des Aufbrechens, den der Jungjäger schon in der Jägerprüfung beherrschen muß, ist bereits in der älteren Jagdliteratur beschrieben. In der Neuzeit behandeln das Versorgen des Wildes u. a. Frevert in seinem Buch „Das jagdliche Brauchtum“, auch Müller-Using in der Neubearbeitung von „Diezels Niederjagd". Auch der Verein S.W.A.-Jäger übernahm die Methode für Südwest, veröffentlicht im S.W.A.-Jagdkalender 1937, S. 151, durch Weidemann.

Das erlegte Wild wird zunächst auf den Rücken gedreht und dann das Haupt so weit zurückgebogen, daß der Drosselknopf hervortritt. Nun schärft man bei uns von der Kinnspitze ab die Decke bis zum Stich auf, faßt mit der linken Hand Schlund und Drossel, befreit diese vom Muskelgewebe, zieht beide heraus und schärft den Schlund am Drosselknopf ab. Der Schlund wird mit dem Messer rauh geschabt und doppelt verknotet. Die Drossel wird entweder am Drosselknopf abgeschärft, oder man löst gleich die Zunge mit heraus.

Dann tritt man zwischen die beiden Hinterläufe, spreizt diese auseinander und schärft zwischen beiden Brunftkugeln die Decke bis Ende der Brunftrute auf und löst jetzt die beiden Brunftkugeln aus. Nun wird die Brunftrute zusammen mit dem Pinsel ausgeschärft und bis zwischen die Keulen zurückgezogen.

Jetzt erfolgt ein kleiner Einschnitt in die Bauchdecke, eine Öffnung so groß, daß man zwei Finger einführen kann, auf Zeige- und Mittelfinger der linken Hand kommt der Rücken des Waidmessers zu liegen. Nun kann man die Bauchdecke bis zum Brustbein aufschärfen, ohne das Gescheide oder den Pansen zu verletzen. Man ergreift oberhalb des Pansen den Schlund an der Stelle, an der er durch das Zwerchfell tritt und zieht ihn vorsichtig durch die Brusthöhle heraus, drückt die Leber zurück und faßt den Pansen mit beiden Händen, löst ihn durch Ziehen und Drücken, keinesfalls mit dem Messer, frei und wirft ihn dann samt Gescheide nach rechts aus.

Am Weiddarm wird das Gescheide abgetrennt. Um diesen auszulösen und um die Blase auszuwerfen, muß jetzt das Schloß aufgebrochen werden. Das geschieht an der Naht, die deutlich fühlbar ist.

Das Aufbrechen des Schlosses kann mit dem Waidmesser geschehen. Das Waidmesser wird mit der Spitze auf die Naht gesetzt und dann mit kurzen Schlägen mit dem Handballen auf den Knauf des Messers in die Naht eingetrieben. Die etwas keilförmige Form der Waidmesser sprengt die Naht auf, wobei das Messer, um nachzuhelfen, auf und ab, aber niemals hin und her bewegt wird.

Geht das Schloß sehr schwer auf, was oft bei alten Stücken der Fall ist, kann man es mit dem Standhauer durchschlagen oder eine kleine Säge zur Hilfe nehmen. Um den unteren Teil des Schlosses aufzubrechen, genügt es, das Stück am Wedel zu packen, hochzuheben, um nun einen Stein oder ein Stück Holz unter das Kreuz zu schieben. Dann drückt man die

Kniegelenke der Keulen ruckartig auseinander, und das Schloß springt knackend auf. Jetzt werden Weiddarm, Blase und Geschlechtsteile rückwärts durch das offene Schloß herausgezogen und der Weiddarm samt Weidloch ausgeschärft. Damit ist die natürliche Schweißablaufrinne frei.

Aufgeschärft wird nun das Zwerchfell, möglichst nahe am Brustkorb an den Rippen entlang. Im Inneren des Brustkorbes befindet sich, vor allem bei guten Blattschüssen, viel Schweiß. Das ist gut, denn der Schweiß wäscht alle eventuell in der Bauchhöhle befindlichen Schmutzteilchen heraus.

Der Jäger faßt mit beiden Händen in den Brustkorb und greift über Lunge und Herz nach der Drossel und reißt den ganzen Aufbruch heraus, der an einem Strang hängen muß, nämlich Herz, Lunge, Leber, Zwerchfell und die beiden Nieren.

Zum vollständigen Ausschweißen gehört es, daß die beiden Brandadern, die vom Rücken nach den Keulen laufen, aufgeschärft werden.

Kann man das Wild nicht unmittelbar abtransportieren, dann ist es erforderlich, das Stück zu verblenden. Das muß gegen Sicht geschehen, damit es nicht sofort von den Aasgeiern entdeckt wird, und auch verwittert werden, damit Schakale es nicht anschneiden. Zum Verblenden nimmt man Zweige, zum Verwittern ein Kleidungsstück, wie Unterhemd, Taschentuch, Jacke, eben etwas, was intensive Menschenwittrung enthält.

Am besten, man bringt das aufgebrochene Stück unter einen Baum in den Schatten, dann ist es schon gegen Sicht von oben geschützt, man braucht es gar nicht oder nur gering zu verblenden.

Um das Stück im Buschfeld zum Abtransport leichter wiederzufinden, muß man den Weg nach dort beim Weggehen sichtbar markieren, sofern es nicht in der Nähe einer sehr markanten Stelle liegt. Hier helfen wiederum die bewurzelten Grasbüschel. Sonst kann man auch mit dem Zielstock oder einem sonstigen Stück Fallholz auf dem Boden eine Kratzspur hinterlassen, um so auf dieser Spur leichter zurückzufinden. Man peilt auf diese Weise den nächsten Farmweg an, legt dort einen großen Ast quer über die Pad und hängt ein Taschentuch oder Papier auf.

Der Abtransport von der Farm aus geschieht gewöhnlich mit einem Auto mit Ladefläche. Sind zu wenig Leute zum Aufladen da, empfiehlt sich ein kleiner Flaschenzug zum Aufladen von Großwild.

Alles Wild soll möglichst eine Nacht in der Decke abhängen. Das wirkt sich günstig auf die Qualität des Wildprets aus.

Danach wird das Wild zunächst aus der Decke geschlagen. Das geschieht am besten von hinten nach vorne, nachdem zuerst das Haupt mit der Trophäe vom Wildkörper abgetrennt ist. Dann wird der Wildkörper in seine Hauptteile zerlegt. Zunächst werden die beiden Blätter abgetrennt, was leicht und schnell geht, da sie durch keinerlei Knochen mit dem übrigen Knochengerüst verbunden sind. Dann schärft man die Dünnung an der Keule bis zum Ziemer, dann an diesem entlang bis zu den Rippen los und sägt die Rippen am Rückenstück bis zum Hals herunter. Ist das getan, löst man die beiden Filets aus dem inneren Teil des Rückens heraus.

Jetzt werden die beiden Keulen ausgetrennt. Dazu schärft man neben dem Wedel auf das Ende des Ziemers zu und kann die Keulen nun an dem flachen am Becken sitzenden Knochen abtrennen.

Von den Keulen schärft man die Unterschenkel am Kniegelenk ab und hat damit verwendbare Suppenknochen.

Das Beckenstück mit dem Wedel wird dort, wo die Filets zu Ende waren, vom Ziemer abgesägt und ergibt wiederum ein Suppenstück, aus dem man von Großantilopen eine Art „Ochsenschwanzsuppe“ bereiten kann. Das Rückenstück wird hinter dem Hals abgesägt und in 2 bis 3 Teile geteilt, wobei das Lendenstück oder der Ziemer der wertvollste Teil ist.

Zur Bereitung von Rauch- und Trockenfleisch eignen sich am besten die Keulen und der vordere Rückenteil. Die Keulen werden zunächst in die einzelnen Muskelpartien zerteilt, und diese werden in handliche Längsstücke geschnitten von etwa 8 cm Dicke und 30 cm Länge.

Diese Stücke werden mit grobem Viehsalz in einem Steintopf eingesalzen und schichtweise aufeinander gepackt. Auf jede Schicht werden Gewürze gestreut, bestehend aus Pfeffer und Pfefferkörnern, Koriander, Lorbeerblättern, Wacholderbeeren und Rosmarin. Das Ganze wird mit einem Teller oder einer Holzscheibe zugedeckt und mit einem Stein beschwert. Der heraustretende Fleischsaft bildet die Lake, in der das Fleisch etwa drei Tage verbleibt, je nach Dicke der Stücke.

Danach werden die Stücke aus der Lake genommen und eine halbe Stunde gewässert. Man läßt sie, auf Tücher ausgelegt, etwas trocknen, dann werden sie in kaltem Rauch geräuchert.

Trockenfleisch wird in ganz dünne Streifen geschnitten, ebenfalls mit Gewürzen (ohne Lorbeer) eingepökelt, später schattig in den Wind gehängt, bis die Stücke knochentrocken sind und wie Holz aussehen.

Der Jagdhund in Südwest

Das heutige Südwestafrika/Namibia weist fast alle Hunderassen auf, die auf dem Hundemarkt überhaupt erhältlich sind. Seit in Südafrika die Kennelklubs die Züchter rassereiner Hunde zusammengefaßt haben, ist das Interesse und die Nachfrage nach reinrassigen Hunden immer größer geworden, die undefinierbaren Mischlinge treten mehr und mehr in den Hintergrund.

Die Zeit nach dem Zweiten Weltkrieg, mit der immer besser und schneller werdenden Transportmöglichkeit für lebende Fracht, hat den Import an Zuchtmaterial von Rassehunden ungemein gefördert.

An eigenen, bodenständigen Rassen, wenn man diese so bezeichnen kann, weist Südwestafrika/Namibia nur ganz wenige auf. Sie waren ausschließlich in den Händen der Eingeborenen. Es ist schwer zu sagen, woher diese Hunde stammen. Sie sind weniger gezüchtet worden, als daß sie vielmehr „entstanden“ sind.

Der hauptsächlichste Typ, den die ersten Siedler in Südwestafrika vorfanden und den sie mit „Kaffernhund“ bezeichneten, war ein windhundartiges Tier von meist rotbrauner bis gelber Farbe, wie man es fast überall bei nomadisierenden Eingeborenenstämmen antrifft. Die Hunde dieser Art, die die Namas (Hottentotten) besaßen, waren ein leichter Schlag, hochläufig und sehr schnell. Es waren ausgesprochene Hetzhunde, die zum Jagen gebraucht wurden und die, nach Windhundeart, nur mit dem Auge hetzten. Auf gute Nase legten die Eingeborenen wenig Wert, da sie selber im Fährtenlesen unübertroffene Meister sind.

Die Hereros, die erst lange nach den Hottentotten vom Norden her nach Südwest zuwanderten, brachten einen Hund mit, der zwar ähnliche Formen aufwies, aber doch schwerer und massiver war. Auch diese Hunde waren meist hirschrot bis gelb und konnten sahnefarben bis fast weiß werden. Obwohl sie an Schnelligkeit hinter den Hottentottenhunden zurückstanden, waren sie zum Hetzen immer noch schnell genug, gleichzeitig aber kräftig und scharf, um mit schwerem Raubwild fertig zu werden.

Neben diesen beiden Hundetypen waren einige Hottentottenstämme auch im Besitz von doggenartigen Hunden mit gegen den Strich gewachsenem Haarkamm auf dem Rücken. Aus den Überresten dieser Hunde wurde der rhodesische Ridgeback gezüchtet.

Dieser Hund stammt ursprünglich aus dem asiatischen Raum und ist auf dem gleichen Weg über Land ins südliche Afrika gelangt, wie das aus Asien stammende Afrikanerrind, ein dem Zebu verwandtes Buckelrind. Die Hottentotten bezeichneten diese Hunde als Löwenhunde, wegen ihrer besonderen Eignung zur Jagd auf Großkatzen.

Da die Eingeborenen züchterisch völlig uninteressiert sind, vermischten sich die drei Hundetypen in den Überschneidungsgebieten, so daß heute die ursprünglichen Rassemerkmale vielfach verwischt sind, besonders weil nach Hinzukommen noch anderer Rassen, die die Siedler aus Europa mitbrachten, auch dieses Blut mit in die vorhandenen Hundestämme einfloß.

Auf abgelegenen Hottentottenwerften konnte ich Hunde beobachten, die ganz augenscheinlich Blut des Hyänenhundes *(Lycaon pictus)* besaßen, des einzigen echten Wildhundes Afrikas. Sie besaßen die typisch tiefschwarze Maske und die großen, hochstehenden Ohren, die wie zwei Fledermausflügel vom plumpen Kopf abstehen. Auch in der Dreifarben-Zeichnung kommt diese Abstammung vom Wildhund stark zum Ausdruck.

Die ersten Siedler, die ins Land kamen, brachten sich Hunde der verschiedensten Typen mit. Da der Import frischen Blutes durch den langen Seeweg sehr erschwert war, benützten sie zum Einkreuzen gewöhnlich Hunde, die sie von den Eingeborenen erwarben. So entstanden zunächst recht sonderbare Mischungen im Farmland. Auf echte Jagdhunde legten die Farmer damals keinen Wert, denn oft waren sie keine Jäger, außerdem ersetzten die spursicheren Eingeborenen ihnen die Jagdhunde zur Genüge.

Daß in der deutschen Kolonialzeit Jagdhunde importiert wurden, war einigen jagdpassionierten Offizieren der kaiserlichen Schutztruppe zu verdanken.

Leider läßt sich über die Herkunft dieser Hunde kein wirklicher Nachweis mehr erbringen.

Aus der Nachzucht dieser Hunde hatte Robert Lossen, Farm Ongeama, passionierter Jäger und Hundeführer, eine Zucht begonnen. Um neues Blut nach hier zu bringen, importierte der Tierarzt Dr. H. Sigward, Okahandja, eine sehr gute DK-Hündin „Mira vom Ammertal", St.K.871,1.

Diese Hündin ist praktisch die Stammutter aller heute in Südwest befindlichen deutschen Jagdhunde. Nachkommen dieser Hündin erhielten in der Zucht von M. Meyer, Farm Okamita, neues Blut durch eine ebenfalls importierte Hündin DK „Dina von Travemünde". Weiteres frisches Blut wurde kurz vor dem Kriege durch einen Deutsch-Stichelhaarrüden zugeführt, den Krasemann, Farm Kambingana, importierte. Leider war über die Herkunft dieses Rüden nichts mehr festzustellen.

Aus einem dieser Zucht entstammenden Rüden und einer der Lossenschen Zucht entstammenden Hündin habe ich 1938 meinen DK-Zwinger „von Rüdenhausen“ aufgebaut. Später führte ich noch Blut der Sigwardschen und der Meyerschen Zucht zu. Im August 1964 importierte ich die mir vom DK Zuchtverband für SWA gestiftete Hündin „Bessi Donaria“ aus dem Zwinger von Dir. R. Kölbl aus Ingolstadt. „Bessi“ war eine Tochter der „Olga Rheinelbe“ 423 I/59 und dem bekannten DK Rüden „Axel vom Wasserschling“ 685 I/59. Diese Hündin war 13 Jahre meine Begleiterin und brachte in 7 prächtigen Würfen insgesamt 40 Welpen, die alle gut einschlugen. Bessis Blut ist heute in fast allen hiesigen Kurzhaarhunden zu finden. Als Nachfolgerin importierte ich dann die DK Hündin „Vald and Vlei Antje (Anja)“, deren Eltern „Meike vom Goldbach“ 986 X/74 und „Atoll Burgfelde“ 1742 U/71 waren. Auch Anja zeigte, wie ihre Vorgängerin Bessi, eine ganz hervorragende Wasserarbeit und war überaus passioniert auf alles Flugwild. Ich habe im Laufe der Jahre 7 Rüden und 7 Hündinnen aus meiner Zucht abgerichtet und geführt, wobei die Hündinnen stets hervorragende Assistentinnen für den Rüden waren. Ich habe bisher über 90 sehr gut veranlagte Welpen an Interessenten liefern können.

Diese lange Züchtung der Deutschen Jagdhunde in Südwestafrika/ Namibia hat die Tiere bodenständig werden lassen. Sie sind in die klimatischen Verhältnisse des Landes hineingewachsen, so daß sie ihre volle Leistungsfähigkeit entfalten können.

Die große Stärke dieser Hunde ist die Härte ihrer Pfoten. Darin sind die deutschen Gebrauchshunde den meisten anderen Hunderassen überlegen, besonders wenn sie seit Generationen im Lande gezüchtet worden sind.

Seine gute Nase verliert der Jagdhund auch im heißesten Klima nicht.

Ich habe ungezählte Nachsuchen mit meinen Hunden erlebt und immer wieder feststellen können, daß sie dieses feinste Organ auch in unserem Klima zu gebrauchen verstehen. Man muß nur, wie in Europa, darauf achten, daß der Hund in den heißen Tagesstunden seine Ruhe hat. Apportierfreudigkeit besteht auch bei den hiesigen Hunden, ein kräftiger Rüde ist ohne weiteres imstande, einen ausgewachsenen Schakal zu bringen.

Prof. Dr. Lutz Heck, der sich von der Beibehaltung der guten Hundenase im hiesigen Klima überzeugen wollte, unternahm deshalb eine kleine Hühnerstreife mit mir über meine damalige Pachtfarm. Er war erstaunt, wie gut meine beiden Kurzhaar an den Berghängen die Frankoline fanden und vorstanden.

Wir schossen einen Galgen voll dieses hübschen Flugwildes, Prof. Heck war ganz erfüllt von der europäischen Jagdart im afrikanischen Busch.

Die hiesigen DK-Stämme sind fast ausnahmslos schneidig und scharf. Daher sind sie den harten Anforderungen, die die hiesige Raubwildjagd an sie stellt, absolut gewachsen.

Da es sich bei dem hiesigen Raubwild meist um schweres, wehrhaftes Wild handelt, müssen die Hunde schon sehr viel Mut und Draufgängertum besitzen, um ihre Aufgaben lösen zu können. Die Spursicherheit kommt den Hunden dabei sehr zustatten. So haben sich die DK-Hunde auf Großkatzen, wie Leoparden, Geparden und sogar auf Löwen meist gut bewährt.

Neben dem deutschen Gebrauchshund gibt es in Südwest auch noch andere jagende Hunderassen, die hervorragend sind. Das sind vor allem die verschiedenen Terrierschläge, die in allen Variationen hier zu finden sind. Sie bewähren sich auf Nachsuchen ebensogut wie auf Warzenschwein und Raubwild. Ihre Lebhaftigkeit und Ausdauer hat durch unser Klima keinerlei Einbuße erlitten. Der ursprünglich häufige schwarzweiße Foxterrier wird in letzter Zeit von seinem roten Vetter, dem Irishterrier, verdrängt.

Der in letzter Zeit nach hier importierte Jagdterrier hat sich schnell seinen Weg in die Herzen der Jäger gebahnt und nimmt an Beliebtheit zu. Vor rund sieben Jahren bin ich in den Besitz eines Schweißhundes gekommen und habe inzwischen eigene Erfahrung mit der Eignung dieser Hunde für unser Land sammeln können.

Die ersten Schweißhunde, die in Südwest überhaupt geführt wurden, hatte Jochen Borngräber, heute Leiter des Jägerhofes in Springe, auf die Farm Okatjiho, die er damals verwaltete, mitgebracht. Es waren Bayerische Gebirgsschweißhunde, ein Rüde und eine Hündin. Die Hündin, die dick ging, brachte schon bald einen Wurf wunderschöner Welpen.

Der gute Erfolg, den Borngräber mit seinen Hunden hatte, bewog mich, einen Rüden, Pirschl, gewölft am 22. Mai 1984, nach Aparth vom Ruhrtal ZB 53/78 aus Anka v. d. Zell ZB 41/75, zu erwerben. Der Hund war zehn Monate alt, als ich ihn übernahm, und ich mußte ihn sofort in Ausbildung nehmen, weil ich ihn baldmöglichst einsetzen wollte. Dabei mußte ich sehr vorsichtig und behutsam vorgehen, da Schweißhunde doch sehr viel sensibler sind als der Kurzhaar. Ich bin jedoch so gut und rasch vorangekommen, daß mich der Hund schon nach zwei Monaten, als Jährling, auf meinen pausenlosen Berufsjagden begleitete. Dadurch kam er rasch in die Praxis und hat sich glänzend bewährt.

Der Schweißhund ist ein Spezialist, folglich fehlt ihm die Vielseitigkeit z. B. eines Kurzhaars. Als Tiefsucher hat er die Nase stets dicht über dem Boden. Er geht ungern bei Fuß, sondern immer einen Schritt links vor Fuß. Er ist kein Eiferer, sondern hat die Ruhe weg und löst seine Aufgabe auf der Schweißfährte mit bedachter Aufmerksamkeit.

Das Suchen am langen Riemen habe ich ihm in kürzester Zeit beigebracht, indem ich ihn vom ersten Tag ab sein Futter mittels der Schleppe suchen ließ. Da mir ganz selten Schweiß oder Geschlinge zur Verfügung standen, habe ich die Schleppe zunächst nur mit einem faustgroßen Stein gemacht, den ich in ein Karottensäckchen steckte und mit einer Schnur an einem Stock, seitlich von meiner Spur, über den Bogen zog. Der Hund kapierte sehr rasch, was ich wollte, und schon nach wenigen Tagen konnte ich anfangen, die Schleppe immer mehr zu komplizieren. Es ist die Bodenverletzung, die den Hund leitet, und er hielt die Schleppspur auch über die Teerstraße oder das Steinpflaster. Zwischendurch nahm ich natürlich auch Geschlinge oder Schweiß, wenn dies gerade verfügbar war.

Ich habe Pirschl auf alles Wild angesetzt, und er hat auch jede Art von Wundfährte ausgearbeitet. Sein erstes Stück war sogar ein Zebra, und ich war gespannt, ob er die Fährte solch pferdeartigen Wildes überhaupt aufnehmen würde. Er tat es und hat das Stück dann auch im Wundbett verbellt.

Mein Versuch, den Hund mit einer schwarzen Brandlbracke zu paaren, hat sich bestens bewährt, und es kam ein sehr schöner Wurf zustande, dessen Welpen gute, leistungsfähige Schweißhunde wurden.

Angeregt durch die Erfolge der Bayerischen Gebirgsschweißhunde, importierte ein Jagdfarmer zwei Hannoveraner. Auch dieser Versuch scheint sich bewährt zu haben, denn Wild & Hund berichtete eingehend darüber. Mir erscheint der brackenartige Gebirgler jedoch der geeignetere Schweißhundschlag zu sein. Wegen seiner Leichtigkeit und seiner Beweglichkeit ist er dem Hannoveraner gegenüber im Vorteil, der durch seine Größe und Schwere einer wehrhaften Großantilope gegenüber eher gefährdet ist als der kleine, geschwind ausweichende Bayer.

Im Rahmen der intensiven Schakalbekämpfung in den südlichen Gebieten der Karakulzuchten ist man auf das Jagen mit der gemischten Meute gekommen. Deren Einarbeiten stellt an den Hundeführer besonders hohe Anforderungen.

Die Basis einer solchen Meute stellt gewöhnlich ein Pack englischer Foxhounds. Diese spursicher gezüchteten Tiere verlieren ihre angewölfte Eigenschaft nicht. Sie läuten jede warme Schakalfährte aus, wobei sie sich stets hinter dem Kopfhund rudeln. Da sie jedoch in dem hiesigen Klima nicht ausdauernd genug sind, vor allem, weil sie sich leicht wundlaufen, ist es erforderlich, einer Meute schnelle Hunde als Fänger beizugeben. Am besten eignen sich für diese Aufgabe die schnellen Greyhounds. Als Windhunde jagen sie nur mit dem Gesicht, das ganz außerordentlich scharf ausgeprägt ist. Sie erspähen den aufstehenden Schakal praktisch fast auf jede Entfernung und holen ihn in kurzer Zeit unweigerlich ein, um ihn sofort abzuwürgen. Weil aber der Schakal in höchster Not oft Zuflucht in einem Erdferkelbau sucht, hat es sich als notwendig erwiesen, als dritten Partner noch einen guten Bodenhund der Meute zuzufügen. Da dieser jedoch imstande sein muß, dem Pferd folgen zu können, kommt hierfür nur ein etwas hochläufiger Terrier in Frage.

Aufgabe des berittenen Masters ist es nun, eine gemischte Meute so einzuarbeiten, daß vorerst nur die Foxhounds vorne laufen, um die Spuren zu suchen und aufzunehmen.

Die Greyhounds bleiben solange dicht vor oder neben dem Pferd. Wenn der Schakal irgendwo in der Ferne aufsteht und flüchtet, preschen die Greyhounds ohne Kommando vor und hetzen. Der Terrier bleibt stets hinter dem Pferd. Erst auf Kommando muß er in den Erdferkelbau einschliefen, wenn sich der Schakal dort hinein geflüchtet hat.

Fox und Greyhounds haben dann hinter dem Einfahrtloch zu liegen und zu warten, bis der Terrier den Schakal zum Springen bringt. Erst dann, wenn der Schakal den Bau verlassen hat und erneut flüchtet, hetzt die Meute hinterher, um ihn bald zu fangen.

Der Jäger ohne Hund muß zahlen viele Pfund! Dieser Ausspruch aus der Hochblüte der klassischen Jagd hat nicht nur für europäische Verhältnisse seine Geltung, man kann ihn auch hier anwenden, obwohl auf nur wenigen Jagdfarmen und bei wenigen Jagdsafari-Unternehmen gute, brauchbare Hunde zur Verfügung stehen.

Der Grund dafür mag sein, daß stets wirklich gute Fährtenjungen vorhanden sind, daß zum anderen die wenigsten Jagdführer oder Berufsjäger sich der Mühe unterziehen, einen Jagdhund auszubilden. Zudem wird behauptet, der europäische Jagdhund verliere in dem heißen, trockenen Klima sofort die Nase und sei daher zur Nachsuche ungeeignet.

Zum ersten Punkt ist zu sagen, daß die Fährtenjungen gut, zuverlässig und dem weißen Jäger in dieser Hinsicht weit überlegen sind.

Zum zweiten Punkt möchte ich feststellen, daß gerade der Farmer die beste Möglichkeit hat, einen Jagdhund abzuführen, denn ihm stehen Zeit, Raum und Gelegenheit für jagdliche Praxis genügend zur Verfügung. Der Einwand, den ich immer wieder höre: „Dafür habe ich keine Zeit“, ist nicht zutreffend. Ich kann ihn nicht gelten lassen, denn wer wie ich 25

Jahre auf ganz intensiven Zuchtbetrieben gefarmt hat, weiß genau, daß man immer soviel Zeit, wie dafür notwendig ist, in den Tageslauf mit einkalkulieren kann. Der Farmer, der ein Reitpferd ausbildet, braucht dafür täglich jedenfalls doppelt soviel Zeit wie zur Führung seines vierläufigen Jagdgefährten. Zur Ausbildung eines Jagdhundes genügt schon ein Aufwand von 20 Minuten am Tag.

Zum anderen möchte ich feststellen, daß es sich hier um ein durch nichts zu begründendes Vorurteil handelt. Die Naseneigenschaft eines Hundes ist eine angeborene, durch Zucht gefestigte und besonders fein entwickelte Eigenschaft. Diese einmal vorhandene Anlage bleibt für immer bestehen, es sei denn, sie wird durch eine Verletzung vernichtet, oder sie schwindet im hohen Alter der letzten Lebensjahre.

Daß die feine Hundenase während der heißesten Tagesstunden nicht so gut arbeitet wie in den frühen Morgenstunden oder am späten Nachmittag, ist wohl selbstverständlich. Kein Hund wird auch in Europa in der heißen Mittagsstunde Rebhühner erfolgreich suchen, noch wird er zu solcher Stunde auf eine Schweißfährte gesetzt. Daß dem so ist, habe ich bereits vielfach bewiesen; seit 1938 führte ich den Deutsch-Kurzhaar, und ich habe unter sämtlichen Hunden, die seit diesem Jahr meine ständigen Jagdbegleiter waren, nicht einen einzigen Versager gehabt.

Von den rund 2500 Stück Wild inkl. allen Flugwildes, das ich bisher erlegte, haben meine Hunde bestimmt 75 % auf der Nachsuche gefunden oder apportiert. Das soll jedoch nicht heißen, daß ich ohne diese Hunde das durch sie aufgefundene Wild verloren hätte, denn ich ließ sie prinzipiell alles arbeiten, schon um ihnen Freude zu gönnen und sie erfahren zu machen. Es waren aber doch zahlreiche schwere Nachsuchen darunter, oft verbunden mit ausdauerndem Hetzen und Stellen, so daß ich gewiß so manches Stück ohne Hund verloren oder es zumindest nur unter großen Schwierigkeiten bekommen hätte. Der Einsatz für den Jagdhund in Südwest besteht vorrangig im Nachsuchen auf der Schweißfährte. Ich habe dies in den meisten Fällen am langen Schweißriemen gemacht, was vor allem beim Junghund in den ersten Jahren zu empfehlen ist. Den erfahrenen Hund kann man nach kurzem Ansuchen schnallen und frei suchen lassen.

Alles Großwild, ob Eland, Kudu, Oryx oder Hartebeest, stellt sich dem Hund gewöhnlich nach kurzer Hetze. Es ist aber dringend geraten, einen großen Jagdhund im Falle einer Nachsuche auf Oryx nicht zu schnallen. Dieses Wild macht blitzschnelle Ausfälle und forkelt mit größter Sicherheit. Schon mancher schneidige Hund wurde das Opfer eines solchen Kämpfers.

Der zweite Einsatz ist das Apportieren von Flugwild, verbunden mit Stöbern und Wasserarbeit. Da ist der Kurzhaar so recht in seinem Element, dabei habe ich schon unendlich viel jagdliche Freude erlebt.

Ein weiterer, sehr brauchbarer Einsatz ist das Verlorenbringen von Gegenständen. Taschenmesser, Brillenetui, Schlüsselbund oder ähnliche Gegenstände sind mir dadurch wieder in meinen Besitz gekommen.

Geeignete Jagdhunde für unser Land sind die vielseitigen drei deutschen Jagdhundeschläge: der Kurzhaar, der Stichelhaar und der Drahthaar. Sie sind die vielseitigsten Jagdhunde, unserem harten, heißen Klima am besten gewachsen. Als Nachsuchenhund hat sich hier der Jagdterrier mit seiner Schärfe, Schnelligkeit und dem ungeheuren Schneid bewiesen. Gleiches gilt von den langsam jagenden, aber sehr spursicheren Dackeln, von denen die kurzhaarigen und die rauhhaarigen vorwiegend geeignet sind. Langhaarige Hunde sind für unser Klima weniger zu empfehlen. Sie leiden unter der Hitze sehr, haben meist empfindlichere Zehenballen und tun sich schwer im dornigen Gestrüpp. Die Saat von Stechgräsern und Klettgras setzt sich im Haar fest, der Befall von Zecken und Parasiten ist bei solchen Hunden größer.

Wer einen guten Jagdhund haben will, gleich welcher Rasse, muß ihn sich als treuen, zuverlässigen Kameraden erziehen, der in ihm den Herrn, den Gefährten und „Kopfhund“ sieht. Dies ist nur zu erreichen, wenn man den Hund fast ständig um sich hat. Keinesfalls darf dem Hund der Zutritt ins Haus verwehrt sein. Wer seinen Hund auf Hof und Veranda verbannt, ihn dort die meiste Zeit sich selbst überläßt, darf sich nicht wundern, wenn der Hund gelangweilt herumbummelt und schließlich allein Jagdzüge unternimmt.

Zur Jagd muß der Hund grundsätzlich mitgenommen werden. Er muß zur Ruhe im Auto angehalten werden, stets angeleint sein und muß bei jedem Pürschgang den Jäger begleiten. Rasch lernt er bei solchen Pürschgängen an der Umhängeleine, gehorsam bei Fuß zu gehen und sich zu setzen oder in Downlage zu gehen, wenn sein Herr stehen bleibt. Nie darf der Hund unmittelbar nach Abgabe eines Schusses freigegeben werden. Im Gegenteil, er verbleibt ruhig neben seinem Herrn, darf nicht aufgeregt in den Riemen springen, jaulen und bellen. Jeder Hund ist zur Ruhe zu erziehen. Je älter er wird, desto erfahrener wird er.

Auch auf Ansitz wird der Hund mitgenommen und muß dort still und aufmerksam neben seinem Herrn liegen. Bei Anblick des Wildes bleibt der Hund ruhig liegen. Nur die Stummelrute bewegt sich dann mehr oder weniger eifrig hin und her. Meine Hunde haben das alles immer sehr schnell begriffen und waren mir dadurch stets eine große Hilfe.

Bei der Jagd auf Raubwild ist der Hund unerläßlich, besonders, wenn es sich um schweres, wehrhaftes Raubwild handelt. Im Gefahrenmoment ist ein raubzeugscharfer Hund geradezu eine Lebensversicherung. Diese Erfahrung habe ich persönlich in mehreren Fällen bei der Nachsuche auf Löwen und Leoparden und in einem Fall auf eine Hyäne im Eisen gehabt.

Die Hundehaltung ist hier vor allem für den Jagdfarmer einfacher und bequemer als in Europa. Das trockene, warme Klima ermöglicht es, daß der Hund fast das ganze Jahr über seinen Schlafplatz draußen auf der Veranda oder in einer einfachen Hütte haben kann. Nur in der ausgesprochen kalten Zeit ist es angebracht, den Hund ins Haus zu nehmen.

Die beste Ernährung für einen Hund ist immer noch Fleisch. Der Hund zählt zu den Carnivoren, Fleisch stellt seine natürlichste Nahrung dar. Es braucht jedoch nicht reines, schieres Fleisch zu sein; weitaus besser ist Geschlinge und Pansen, welches, nur oberflächlich gesäubert, roh verfüttert wird. Daher sollte jeder Aufbruch von Wild dafür mitgenommen werden. Zerschossene Wildpretstücke, Knorpel, Flexen und Sehnen gehören dazu. Knochen zum Benagen und Kauen stärken das Gebiß. Als Rauh- und Grundfutter ist Maisreis geeignet, soll aber nur in geringem Maße gereicht werden, damit der Hund nicht zu fett wird.

Vom Geflügel darf dem Hund nur das Körpergerippe gereicht werden, niemals die Röhrenknochen. Zugabe von Milch, vorzugsweise Dickmilch, ist zu empfehlen und auf Farmen meist verfügbar. Wenn gejagt wird, soll der Hund vorher höchstens eine ganz leichte Mahlzeit bekommen, sein Tagesfutter erhält er nach Rückkehr. Zur Jagd ist für den Hund Wasser und eine Schüssel mitzunehmen.

Wer sich eine Hündin hält, tut gut, einen festen, mindestens zwei Meter hoch umzäunten Zwinger zu bauen. Auf einer Farm ist genügend Platz vorhanden, so daß er wenigstens doppelte bis dreifache Zimmergröße haben kann. Im Zwinger muß eine stabile, geräumige Hütte stehen, die wind- und regenundurchlässig ist; sie darf also nicht direkt auf dem Boden stehen, sondern auf Zementsockeln, so daß die Luft darunter durchstreichen kann, der Boden nicht dem Termitenfraß ausgesetzt ist. Holzhütten müssen laufend gegen Termitenbefall kontrolliert werden. Man tut gut, die Hütte einmal in der Woche gegen Ungeziefer zu desinfizieren. Während ihrer Hitze wird die Hündin im Zwinger gehalten.

Eine Hündin bekommt die Hitze in einem gewissen Zyklus. Die erste Hitze tritt gewöhnlich ab einem Alter von sieben Monaten ein. Dann ist die Hündin noch zu jung zum Belegen. Man soll die zweite bis dritte Hitze abwarten, je nach Konstitution des Tieres. Normalerweise tritt die Hitze zweimal im Jahr auf, wenn die Hündin nicht belegt ist.

Nach einem Wurf dauert es 6 bis 7 Monate bis zur nächsten Hitze. Die Hitze kündet sich durch das sogenannte Färben an, das heißt, die Hündin verliert ab und zu einen kleinen Blutstropfen. In diesem Stadium interessiert der Rüde sich noch nicht für die Hündin. Also sperre man sie gleich in den Zwinger und lasse sie vor Ablauf der Hitze nicht mehr heraus. Damit vermeidet man unliebsame Hundebesuche und unter Umständen auch einen unerwünschten „Fehltritt". Die Hochhitze tritt etwa am zehnten Tag ein und hält drei bis fünf Tage an. Will man die Hündin decken lassen, dann muß dies in dieser Zeitperiode geschehen. Danach nimmt die Hündin den Rüden nicht mehr an und beißt ihn weg. Die Hitze dauert insgesamt drei Wochen, die Tragzeit beträgt etwa 65 Tage.

Wer einen Junghund ins Haus nimmt, tut gut daran, ihm ein eigenes Spielzeug zu geben, um zu verhüten, daß alle erreichbaren Gegenstände angeknabbert oder verschleppt werden. Als Spielzeug geeignet ist ein alter Schuh. Der wird dem kleinen Welpen gegeben, den wird er nach Herzenslust herumschleppen, ihn beuteln und auf ihm herumkauen. Alles andere wird ihm verboten, weggenommen und muß für ihn tabu sein.

Für eine einwandfreie Abrichtung und Führung des Jagdhundes steht genügend Fachliteratur zur Verfügung. Wer mit dem Hunde jagt, erlebt doppelte Jagdfreuden!

Die Trophäe und ihre Behandlung

Alle Trophäen des südafrikanischen Schalenwildes bedürfen einer Vorbehandlung und einer Fertigbehandlung. Horntragendes Wild, wie Antilopen, Gazellen, Wildschafe, Wildziegen, Steinböcke und alle Boviden, tragen Hornmasse, einen Schlauch über einem Knochenzapfen, der verschiedene Formen annehmen kann. Zwischen Schlauch und Knochen ist eine Schicht aus Haut, Fetten, Äderchen und kleinen Gefäßen, die das Leben in diesem Körperteil erhält. Daher soll man solche Trophäen niemals auskochen! Man läßt sie maserieren, das heißt abfaulen.

Es kommt nun darauf an, wie die Trophäe einmal aufgemacht werden soll, ob sie auf ein Brett aufgesetzt oder ob sie von einem Präparator mit Träger und Haupt montiert werden soll.

Im letzteren Fall ist erste Voraussetzung, daß das Wild nach der Erlegung nicht unnötig lange der Sonnenbestrahlung ausgesetzt werden darf. Das gilt auch für die Sicherung der Decke. Also muß das Stück, wenn sofortiger Abtransport nicht möglich ist, nach dem üblichen Photographieren in den Schatten geschleppt oder wenigstens mit Zeltplane oder Zweigen zugedeckt werden.

Gleich nach Einbringen der Beute auf der Farm geht man daran, das sogenannte Cape abzuziehen. Der Präparator benötigt ein großes Cape, um genügend Material zur Verarbeitung zu haben. Zunächst wird die Decke rund um den Körper hinter dem Blatt aufgeschärft. Die Vorderläufe werden mit abgezogen und hängen mit am Cape. Man kann sie jedoch zur Hälfte abschärfen. Der nächste Schnitt erfolgt von der Mitte des Kopfes zwischen den Hornansätzen und wird auf der Oberseite des Halses bis zum ersten Schnitt geführt. Bei Antilopen mit Mähne erfolgt dieser Schnitt direkt neben dieser. Nun folgt ein Schnitt von Hornansatz zu Hornansatz, so daß er mit Schnitt 2 ein T bildet. Die Decke des Capes wird jetzt vorsichtig abgezogen, so daß kein Wildpret daran bleibt. Beim Lauscheransatz schneidet man den Knorpel unmittelbar am Schädel durch. Besonders sorgfältig müssen die Augenlider herausgeschält werden. Die Lippenpartie ist vorsichtig vom Schädel abzutrennen, und zwar oberhalb des Zahnfleisches entlang der Zähne. Wenn die Kopfdecke abgezogen ist, müssen die wulstigen Lippen vorsichtig geschlitzt und mit Feinsalz eingerieben werden, um Fäulnis zu verhüten. Dann werden die Lauscher gespalten, indem man mit Hilfe eines stumpfen Schraubenziehers zwischen Haut und Knorpel fährt und beide voneinander trennt. Nun kann man das Ohr umstülpen, die Knorpelmasse liegt frei. Die Innenseite des Capes wird mit reichlich Feinsalz eingesalzen, Lider, Lippen und Knorpel mit Salz eingerieben und das Cape dann eingerollt, um das Salz einziehen zu lassen. Am folgenden Tag wird das Cape geöffnet und im Schatten getrocknet.

Das Maserieren oder Abfaulen geht folgendermaßen vor sich: Ist der Schädel abgezogen, wie von Stücken, von denen das Cape genommen wurde, wird er zwei bis drei Tage in kaltem Wasser, unter öfterem Wechseln des Wassers, gewässert. Dadurch werden alle enthaltenen Reste ausgelaugt. Das ist wichtig.

Ist die Decke noch auf dem Schädel und das Haupt des Wildes lediglich abgeschärft, so löst man nur die Zunge aus. Danach kratzt man mit einem Stück Bandeisen, von dem ein Ende im rechten Winkel zum Kratzer umgebogen ist, das Hirn aus der Öffnung am Hinterhaupt heraus und spült unter dem Wasserhahn alle Reste aus.

Nun legt man den Schädel mit Decke, der nicht vorgewässert ist, in lauwarmes Wasser und beläßt ihn darin, bis sich alle Fleischteilchen durch die Fäulnis lösen und sich die Schläuche über den Knochenzapfen zu lockern beginnen.

Bei warmem Wetter und in der heißen Jahreszeit geht das etwas schneller als in der kalten Jahreszeit, es kann mehrere Wochen dauern. Das Verfahren läßt sich beschleunigen, wenn man das Wasser auf 60 °C erhitzt und diese Temperatur eine gewisse Zeit erhält. Auch hier ist wiederholter Wasserwechsel angebracht, vor allem wenn der Vorgang in einem verzinkten Gefäß statt in einem Asbesttrog oder Emaillegefäß stattfindet.

Ist der Prozeß soweit abgeschlossen, daß sich alle Teile bequem vom Schädel lösen lassen, das merkt man, wenn die Lichter fast von selbst aus den Augenhöhlen herausfallen, dann kann man bei Springbock, Oryx und Kudu meist die Schläuche vom Hornzapfen abdrehen.

Jetzt wird man die Hornzapfen von Haut und Fett reinigen und dadurch das üble Suppen der Trophäen verhindern.

Bei Hartebeest und Gnu ist ein Abziehen der Schläuche nicht möglich. Hier muß man an der Basis unter dem Gehörn alle Teilchen mit einem spitzen Messer sorgfältig herauspulen.

Die Hornzapfen werden auf etwa Zweidrittel gestutzt, um die Schläuche leichter wieder darübersetzen zu können, die Trophäen lassen sich dann auch leichter verpacken.

Die Schädel werden noch einmal ein paar Stunden in kaltem, reinem Wasser gewässert und dann in die Sonne zum Bleichen gestellt. Falls erforderlich, kann man sie mit Wasserstoffsuperoxyd nachbleichen.

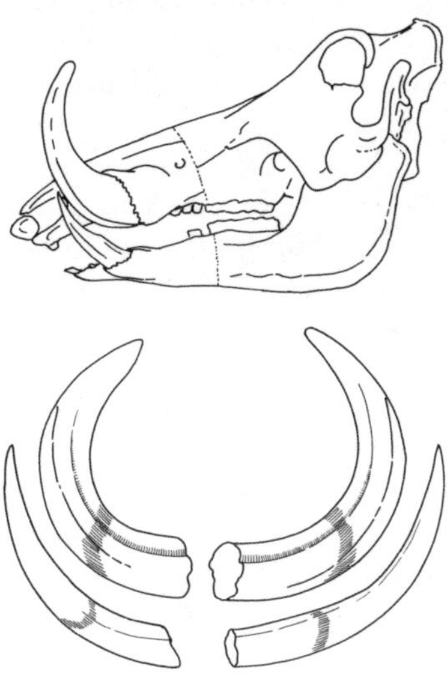

Keilerwaffen

Keilerwaffen kann man auskochen. Dafür sägt man das Gebrech des Keilers unmittelbar vor den großen Warzen senkrecht durch Ober- und Unterkiefer durch, lieber etwas zu weit zum Kopf hin als umgekehrt, da die Waffen ziemlich tief in den Kiefer hineinragen. Ober- und Unterkiefer kann man noch einmal in der Mitte spalten, so daß vier kleine Teile entstehen, die dann leichter in den Topf passen. Nun kocht man diese Teile stark aus, bis alle Fleischreste vom Knochen fallen. Die Waffen lassen sich jetzt leicht aus dem Kiefer ziehen bzw. noch leichter rückwärts herausstoßen. Das Innere der Waffen, den fleischigen Nerv, kann man durch eine Schleuderbewegung herausbefördern.

Haderer und Gewehre läßt man abkühlen und legt sie für einige Zeit in klares, kaltes Wasser. Die Waffen werden mit einem Tuch gesäubert, der Schmutz wird mit einer Zahnbürste entfernt. Der Braunbelag darf aber nicht abgekratzt werden. Wenn die Waffen getrocknet sind, füllt man sie innen mit weißem Tischlerleim und kleinen Wattebäuschchen in wechselnder Folge, weil sonst vor allem die dünneren Gewehre leicht zerspringen. Stearin oder Gips sind als Füllung völlig ungeeignet.

Das Aufsetzen der Gehörne ist Geschmackssache. Der eine liebt den Schädel mit langer Nase, der andere den Schädel ganz oder kurz.

Man soll darauf achten, daß die Proportion gewahrt bleibt und gefällig wirkt. Jeder Jäger verwendet eine eigene Form des Gehörnbrettchens und soll sie auch beibehalten.

Bei Gehörnen hiesiger Antilopen ist es so, daß man keine Schrauben von hinten bis in den Hornzapfen bohren kann, da die Hornzapfen einen anderen Winkel haben als die Geweihe der Cerviden. Darum befestigt man sie entweder mit einer Gehörnklammer, oder man paßt in die Hirnschale ein kleines Stückchen Kantholz ein und bohrt dann rechts und links davon von der Seite her je ein kleines Nagelloch und stiftet mit zwei kleinen Nägeln das Holz fest. Den restlichen Raum der Hirnschale füllt man mit Mauerfiller aus, den man mit Sägemehl mischt, und läßt die Masse 24 Stunden abbinden. Nun kann man das Gehörn von rückwärts mit zwei Holzschrauben auf dem Brettchen befestigen.

Wilddecken werden von allen Fleischteilchen befreit und dann mit der Haarseite nach unten auf dem Boden ausgebreitet und dick mit Feinsalz bestreut. Danach wird die Decke zusammengelegt und eingerollt, so daß das Salz nach innen kommt, die Decke für einen Tag im Schatten liegen gelassen, damit das Salz ganz ins Gewebe einzieht. Man breitet später die Decke wieder aus, trocknet sie im Schatten. Bevor sie hart wird, faltet man sie zu einem kleinen Paket zusammen. Sie ist damit versandfertig.

Der Namibia/SWA Berufsjagdverband

Alle in Südwestafrika für die berufliche Jagdausübung zugelassenen und registrierten Personen, Farmen und sonstige Jagdbetriebe, sind in einer fachgerechten Organisation erfaßt und vereinigt worden. Diese Organisation ist der, heute so umbenannte, „NAMIBIA-SWA BERUFSJAGD-VERBAND", mit Sitz in Windhoek, per Adresse: Postfach 11291, Windhoek, Telefon (061–34455).

Dieser Verband ist fraglos die Schlüsselstellung zur Trophäenjagd überhaupt. Jäger, die unser Land zum Jagen besuchen wollen, können hier Beratung für ihre jagdlichen Wünsche erhalten und Antwort finden auf alle Fragen, die im Rahmen der Reiseplanung auftauchen.

Der Verband wurde am 16. März 1974 gegründet, als der heutige Verbandsvorsitzende, Volker Grellmann, spontan alle interessierten Personen zu einem dreitägigen Kongreß im Berghotel in Klein-Windhoek zusammenrief. Dieses Treffen begann mit einer Reihe von fachlichen Referaten, auch von leitenden Beamten der Naturschutzbehörde. Anschließend wurde eingehend über das Gehörte diskutiert. Die Zusammenkunft führte schließlich zur Gründung des Verbandes, der unter dem Namen „SWA BERUFSJÄGER UND JAGDFÜHRER VERBAND" in das amtliche Vereinsregister aufgenommen wurde.

Die wichtigsten Punkte der Satzung des Verbandes, die durch eine kompetente und jagdlich qualifizierte Kommission erarbeitet wurde, sind: die ungeschriebenen Gesetze weidgerechten Jagens einzuhalten, die Jagd selektiv durchzuführen und dabei alle gesetzlichen Vorschriften und Verordnungen genau zu befolgen. Weiterhin setzt es sich der Verband zum Ziel, durch Vorschläge und Eingaben an der Gestaltung der Jagdgesetzgebung aufbauend mitzuarbeiten und eine Zusammenarbeit mit der Behörde anzustreben.

Durch die selektive Jagd soll erreicht werden, daß der Jagdgast nur auf abschußreifes, altes und gute Trophäen tragendes Wild zu Schuß gebracht wird und die jüngeren Stücke dem Bestand erhalten bleiben.

Hauptaufgabe des Verbandes war es zunächst, eine Koordinierung von Berufsjägern, Jagdführern und Safarieigentümer zustande zu bringen und damit eine gegenseitige Rivalität auszuschalten. Zu jener Zeit war die Trophäenjagd in ihrem Anfangsstadium und mußte sich erst einspielen. Der Verband war es, der einen vernünftigen Preisrahmen schuf. Vorher war die Abschußgebühr von den Farmern mit Zustimmung der Behörde willkürlich nach eigenem Ermessen festgesetzt worden. Es war aber notwendig, dem Wild einen reellen Wert zu geben, der dem jährlichen Weideverbrauch entsprach, um es damit konkurrenzfähig dem Vieh anzugleichen. Zum zweiten war nötig, die Dienstleistungen der Jagdführer und Jagdfarmer tariflich festzulegen und dadurch unbillige Überforderungen der Jagdgäste, aber auch eine Unterbietung der Jagdfarmer untereinander zu verhindern.

Deshalb setzt der Verband alljährlich die Tarife für Trophäenabschüsse, für Jagdführung und weitere Dienstleistungen fest, um sie dem augenblicklichen Valutastand und dem Inflationsschwund sinnvoll anzugleichen. Diese Preise gelten dann als Richtpreise für ein Jagdjahr.

Zur Erlangung einer Zulassung müssen sich Berufsjäger und Jagdführer einer strengen schriftlichen und praktischen Prüfung unterziehen, die im Oktober stattfindet. Der Kandidat hat dann 9 Monate Zeit für die Vorbereitung.

Um den Anwärtern eine Untermauerung ihrer erlernten Kenntnisse zu geben, hält der Verband alljährlich zu gegebener Zeit einen Vorbereitungskurs ab, der unter der Bezeichnung „Eagle Rock" läuft. Gewöhnlich dauert der Kurs drei bis vier Tage; bei ihm werden Referate über alle die Prüfung betreffenden Themen von Naturschutzbeamten, Wildbiologen sowie kompetenten Fachleuten weiterer Gebiete geboten.

Der Verband besteht heute (1990) aus 236 Mitgliedern, die sich zusammensetzen aus:
145 Jagdführern, 23 Meisterjagdführern, 43 Berufsjägern, 23 fördernden Mitgliedern, 1 Ehrenmitglied und 1 Mitglied auf Lebenszeit.

Jäger aus aller Welt, die zum Jagen nach SWA kommen wollen, können gewünschte Informationen durch die ausführliche Broschüre des Verbandes erhalten. In ihr werden praktisch alle Fragen im voraus beantwortet, die für den Gastjäger wichtig sind. Die Broschüre „Jagen in Namibia" enthält auch ein Verzeichnis aller Jagd- und Gästefarmen sowie der Safariunternehmen; sie ist in Deutschland erhältlich bei: TRANSWORLD CARGO, Mühlheimer Straße 5, 6800 Mannheim 81.

Brauchtum und Jägersprache

Südwestafrika/Namibia ist wohl das einzige Land, das im Gesetz einen Unterschied zwischen Trophäenjäger und Jäger im allgemeinen Sinn macht.

Der in Süd- und Südwestafrika beheimatete Jagdausübende gilt vor dem Gesetz als Jäger und ist damit auf die offizielle Jagdzeit von zwei Monaten, nämlich Juni/Juli, beschränkt. Als Trophäenjäger gelten vor dem Gesetz Jäger, die aus Übersee zur Jagd ins Land kommen.

Für diese Trophäenjäger hat das Gesetz besondere Vergünstigungen vorgesehen, die es ihnen ermöglichen, auch noch außerhalb der offiziellen Jagdzeit mit Sonderpermit zu jagen und die erbeuteten Trophäen ins Ausland zu exportieren. Hier stellt sich unwillkürlich die Frage: Was ist denn ein Trophäenjäger, was ist Trophäenjagd, und was versteht man unter einer Trophäe überhaupt? Man kann noch weiter zurückgehen und versuchen zu ergründen, seit wann werden Trophäen gesammelt und aufbewahrt?

Der Urjäger hat bestimmt keine Trophäen als Erinnerung an sein Jagderlebnis mitgenommen. Für ihn war Jagd kein Selbstzweck, sie diente ausschließlich der Ernährung. Er verwendete bestenfalls nur geeignete Teile vom Geweih oder Knochen, die ihm als Werkzeug oder Gerät dienten. Vielleicht aber ist ein Anfang zur Trophäenbewahrung darin zu sehen, daß Beuteteile ausschließlich als Amulette getragen wurden. Sie sollten das Jagdglück sichern, Stärke und Ausdauer verleihen. Es handelte sich hierbei um Tierzähne, Knochenteilchen oder Federn, auch um Fellstücke und Haarbüschel.

Bei den afrikanischen Urvölkern, den Buschmännern oder den Pygmäen, ist das heute noch gebräuchlich. Selbst bei weiterentwickelten Eingeborenenstämmen finden wir derartige Wildteilstücke als Schmuck der Krieger, zur Ausstattung des Zauberers oder als Imponiergegenstände bei Kriegstänzen, wie Kopfputz, Ketten und Ringe.

Auch unsere jagenden Vorfahren auf dem europäischen Kontinent ließen Trophäen für lange Zeit völlig unbeachtet. Vermutlich waren es zunächst ebenfalls nur kleine Stücke, wie Zähne und Federn, die getragen wurden, um Jagderfolg zu sichern. Jahrtausende später, und auch nur zögernd, wurde damit begonnen, Geweihe als Wandschmuck aufzuhängen. Doch galten sie noch nicht als Trophäen im heutigen Sinne. In der Zeit mittelalterlicher Hetzjagden zu Pferde hinter der Meute galt dann als begehrte Trophäe der rechte Unterlauf des Hirsches bzw. des Tieres. Dieser wurde dem schnellsten Reiter, der als erster bei dem von den Hunden gestellten Stück aus dem Sattel sprang und dem Wild den Fang mit dem Hirschfänger gab, überreicht.

Erst im ausgehenden Mittelalter begann der Jagdherr sich für die Trophäe, den Kopfschmuck des Hirsches, zu interessieren und die besonders starken und eindrucksvollen Stücke zu sammeln. Zunächst waren es ausschließlich Rothirschgeweihe, dann folgten auch Dam- und Elchschaufler. Dem Wild wurde das Geweih mit dem Standhauer abgeschlagen und auf einem handgeschnitzten Holzkopf aufgesetzt. Der Schädel blieb zunächst unbeachtet. Auch besonders starke Keilerwaffen wurden vorerst nicht gesammelt, es sei denn, daß es sich um eine auffallende Abnormität handelte.

Ihren wirklichen Wert erhielt die Trophäe erst nach Ingebrauchnahme der Schußwaffe. Nun war der Jäger befähigt, ganz alleine auf sich gestellt das Wild zu erlegen, was ein hohes Maß an jagdlichem Können erforderte. Dadurch entstand ein Erlebnis, das um so eindrucksvoller wurde, wenn es sich um ein starkes geweihtragendes Einzelstück der Wildbahn handelte, dem der Jäger lange vergeblich nachstellte und das dann endlich zur Strecke kam. Eine solche Trophäe war besonders geschätzt und damit ein Erinnerungsstück an den Gesamthergang der Erlegung.

Man jagte also nicht, um eine Trophäe zu erlangen, sondern man bewahrte eine Trophäe auf, um eine Erinnerung an ein besonderes jagdliches Erlebnis festzuhalten.

So ist es auch heute noch oder sollte so sein. Hinzugekommen ist in den letzten Jahrzehnten auch die Bewertung einer Trophäe nach Formschönheit, Ausgeglichenheit, Wucht und Stärke der Stangen, Punktsysteme wurden erfunden, nach denen Geweihe und Rehkronen bewertet wurden. Für Revierinhaber und Jagdwissenschaftler kann heute eine Trophäensammlung auch ein Gradmesser der Entwicklung des jeweiligen Bestandes sein.

Zum jagdlichen Brauchtum gehören die Jägersprache, die Jagdsignale, die Bruchzeichen, das Aufbrechen und Zerwirken des Wildes, das Streckelegen, das Verblasen, die Behandlung der Trophäen, die Pflege der Waidgerechtigkeit u.a.m.

Die Definition des Begriffes „jagdliches Brauchtum“ ist im jagdlichen Schrifttum verankert und erläutert. Wir finden sie u.a. in Frevert, „Das jagdliche Brauchtum“, und in Schulze, „Der waidgerechte Jäger“.

Jagdliches Brauchtum und Waidgerechtigkeit sind zwei Begriffe, die eng miteinander verbunden sind; der eine leitet sich vom anderen ab. Alle jagdlichen Bräuche, mögen sie dem Nichtjäger auch noch so unverständlich und überholt vorkommen, haben einen tieferen Sinn. Sie dienen der Jagdpraxis und der Forderung, das Endziel des Jagens, die Erlegung des Wildes, herbeizuführen.

Wieweit sind jagdliches Brauchtum und Waidgerechtigkeit für unsere hiesigen Verhältnisse anwendbar?

Waidgerechtigkeit, der Begriff vom sauberen Jagen, von der Achtung vor der Natur und ihren Gesetzen, von der Ehrfurcht dem Geschöpf gegenüber, vom ritterlichen Verhalten dem bejagten Gegenspieler gegenüber, das sind Verhaltensbegriffe, die jedem Jäger innewohnen sollten, auch hier.

Vom jagdlichen Brauchtum muß man alles das hier anwenden, was unseren hiesigen Verhältnissen angepaßt ist. Einer der auffallendsten Jägerbräuche ist die Überreichung des Erlegerbruches. Dem liegt ein Ausdruck der Freude und der Ehrfurcht zugrunde, und darum sollte dieser Brauch auch hier gepflegt werden.

Der Jagdführer schneidet zwei kleine Zweiglein von einem Busch und steckt dem gestreckten Stück Wild zuerst den „letzten Bissen" in den Äser und überreicht dem Erleger danach mit einem „Waidmannsheil" den zweiten Bruch auf seinem Hut. Ein weiterer Gebrauch von Brüchen, wie wir es von Europa her kennen, ist hier nicht möglich. Die Flora unseres Landes liefert so gut wie kein brauchbares Material für größere Brüche, mit denen man Standort, Anschuß, Fluchtfährte und anderes mehr kennzeichnen könnte. Alle Büsche und Bäume sind dornbewehrt und verursachen beim Abschneiden entzündbare Verletzungen an den Händen.

So muß man sich anderweitig behelfen. Man kennzeichnet daher Stellen, die man wieder aufsuchen möchte, durch in den Boden gesteckte Holzstücke, über die man ein Grasbüschel mit dem Wurzelpaket nach oben stülpt, oder man legt Grasbüschel, immer mit der Wurzel nach oben, auf einen Busch oder einen Baumast, so daß sie weit sichtbar sind.

Muß man ein aufgebrochenes Stück Wild verlassen, um für den Abtransport zu sorgen, oder eine Nachsuche auf später verschieben, so tut man gut, ein weißes Taschentuch weit sichtbar aufzuhängen, um das Wiederauffinden zu erleichtern.

Will man einen Wartebruch legen, so legt man ein Stück Fallholz quer über den Weg und steckt einen Grasbusch oben drauf, oder man errichtet ein Steinmännchen, auf dem man einen Zettel, von einem Stein beschwert, mit einer Nachricht deponieren kann.

Ein Jagdhorn, um Signale zu geben, wird in den wenigsten Fällen vorhanden sein. Die Verständigung auf größere Entfernung durch Zuruf erfolgt am besten durch einen jodlerartig ausgestoßenen Ruf, der weiter trägt als ein gewöhnlicher Ruf und deshalb auch bei den Eingeborenen gebräuchlich ist.

Ein weiteres Brauchtum nach Erlegung von Schalenwild ist das Streckelegen. Auch dieser Brauch sollte hier Anwendung finden, indem man das auf die Farm gebrachte Wild vom Auto herunternimmt, es auf seine rechte Seite legt, mit dem Haupt zu den Jagdteilnehmern hin. Besteht die Tagesstrecke aus mehreren Stücken, so kommt das stärkste Stück an den rechten Flügel. Alles trophäentragende Wild bekommt den Inbesitznahmebruch durch den Erleger auf die Körpermitte gelegt, womit er sein Eigentumsrecht auf die Trophäe dokumentiert.

Ist zufällig ein Hornbläser dabei, so tritt dieser gegenüber der übrigen Gesellschaft hinter das Wild und verbläst es nach den zugehörigen Signalen Stück für Stück.

Stimmungsvoll ist das Streckelegen am Abend eines Jagdtages. Man entfacht links oder beidseitig von der Strecke ein Holzfeuer und trinkt, nach dem Verblasen, die Stücke tot. Dies geschieht hier, indem man dem Erleger ein „Weidmannsheil" zuruft, wobei ein gefüllter Pokal oder Krug von Hand zu Hand geht.

In Deutschland z.B. stehen dem Jungjäger gewöhnlich erfahrene Jäger zur Seite. Im Umgang mit ihnen, in Verbindung mit der jagdlichen Praxis, erwirbt sich der junge Jäger nach und nach den angemessenen Wortschatz und wächst in die jagdlichen Gebräuche und den Begriff der Waidgerechtigkeit hinein.

Auf unsere Verhältnisse in Südwest übertragen, liegen die Umstände natürlich viel schwieriger. Nur selten hat hier der Jäger einen erfahrenen Waidmann zur Seite, der ihn z.B. in die Jägersprache einweihen kann. Es wäre deshalb töricht, wollte man einen Menschen, der sich hier jagdlich nicht immer korrekt ausdrücken kann, für einen Jäger geringerer Qualität ansehen. Dennoch ist es wünschenswert, daß der Jäger in Südwest sich bemüht, dem europäischen Jäger nachzueifern und sich zumindest einen Teil der Jägersprache aneignet. Dazu mag ihm das nachfolgende verhelfen.

Was man in Deutschland als Niederwild bezeichnet, nennen wir hier Kleinwild. Es umfaßt alle Flugwildarten, die mit Schrot geschossen werden, alles Haarwild, das kleine Raubwild, die Kleinantilopen und Gazellen bis hinauf zum Springbock.

Was man in Deutschland als Hochwild bezeichnet, nennen wir Großwild. Darunter fallen alle Antilopen, die Zebras, die Dickhäuter, die Warzenschweine oder Sauen und das schwere Raubwild.

Beim Flugwild bezeichnet man die Flügel als Schwingen, die Beine als

Ständer, bei Wasserwild als Ruder, bei Greifvögeln als Greifer oder Fänge. Flugwild fliegt nicht, es streicht, es setzt sich nicht hin, es fällt ein. Eine Ansammlung von Flugwild heißt bei den Hühnervögeln ein Volk und, wenn es Küken sind, ein Gesperre, bei Wassergeflügel ein Schof.

Die Spuren des Flugwildes sind das Geläuf.

Die Ohren bezeichnet man beim Haarwild als Lauscher oder Luser, beim Raubwild als Gehöre.

Die Beine werden als Läufe bezeichnet, beim Elefanten als Säulen, beim Raubwild als Branten.

Die Augen des Wildes sind die Lichter, die des Raubwildes die Seher.

Das Maul des Wildes ist der Äser, das der Sauen das Gebrech, das des Raubwildes der Fang.

Die Klauen heißen Schalen, beim Zebra Hufe.

Der Schwanz ist ein Wedel, bei der Oryx der Schweif, beim Warzenschwein die Antenne (Neuprägung für Südwest), beim kleinen Raubwild Lunte, beim schweren Raubwild Quaste.

Die Trophäe der Antilopen ist das Gehörn, das einzelne Horn eine Stange. Das Innere des Gehörns ist der Hornzapfen, das Äußere der Schlauch.

Die Trophäe des Warzenschweines ist insgesamt das Gewaff. Im Oberkiefer sitzen die Haderer, im Unterkiefer die Gewehre.

Das Wild läuft nicht, es wechselt oder zieht, es läuft nicht weg, es flüchtet oder wird flüchtig. Es springt nicht über einen Zaun, es überfällt ihn.

Das Wild guckt nicht, es verhofft, oder es äugt, es frißt nicht, sondern es äst, es trinkt nicht, es schöpft, es riecht nicht, es windet oder holt Wind, es blickt nicht, es wirft auf.

Eine Ansammlung von Wild bezeichnet man als Rudel, wenn es sehr groß ist, auch als Herde. Beim Warzenschwein ist es eine Rotte Sauen, bei Zebras eine Sippe oder ein Trupp.

Eine Gruppe Raubwild ist ein Pack.

Das Wild wird nicht verwundet, sondern angeschweißt oder krankgeschossen. Das Blut heißt Schweiß, eine Blutspur ist eine Schweißfährte oder Rotfährte. Die Haut heißt Decke, bei Sauen Schwarte, bei kleinem Raubwild Balg.

Das männliche Tier heißt bei der Antilope Bock oder Bulle, beim Strauß Hahn, bei Sauen Keiler, bei Fuchsarten Rüde, bei Wildkatzen Kuder.

Das weibliche Wild heißt bei Antilopen Ricke, Gais oder Kuh, bei Kudu und Impala spricht man von Kahlwild (da ohne Gehörn), das junge

Stück ist nach dem Geburtsjahr und vor dem Setzen ein Schmaltier. Der weibliche Strauß ist die Henne. Bei Sauen ist das weibliche Stück eine Bache, bei Fuchsartigen eine Fähe, bei Wildkatzen eine Katze.

Die Jungen heißten bei Antilopen Kitze oder Kälber, bei Sauen Frischlinge, später Überläufer, und beim Raubwild bilden sie das Geheck.

Man unterscheidet zwischen Spuren und Fährten.

Eine Spur hinterlassen alle Unpaarzeher unter den Säugern. Das sind: alles Raubwild, vom Wiesel bis zum Löwen, ferner die Dickhäuter: Elefant, Nashorn und Flußpferd sowie die Einhufer (Equiden) Zebra, Wildesel, zudem die Affen (Primaten).

Eine Fährte hinterlassen alle Paarzeher, also die Spalthufer. Dazu gehören alle Antilopen, Gazellen, die Büffel, die Giraffen und das Schwarzwild (Warzenschweine).

Ein einzelner Fährtenabdruck ist ein Tritt oder ein Trittsiegel.

Damit ist die Ausdrucksweise noch längst nicht erschöpft. Ich habe lediglich die Ausdrücke herausgegriffen, die für uns zutreffend sind und deren Anwendung für uns in Frage kommt.

Wer jagdlich interessiert ist, findet die Ergänzung hierzu in den von mir bereits erwähnten Büchern.

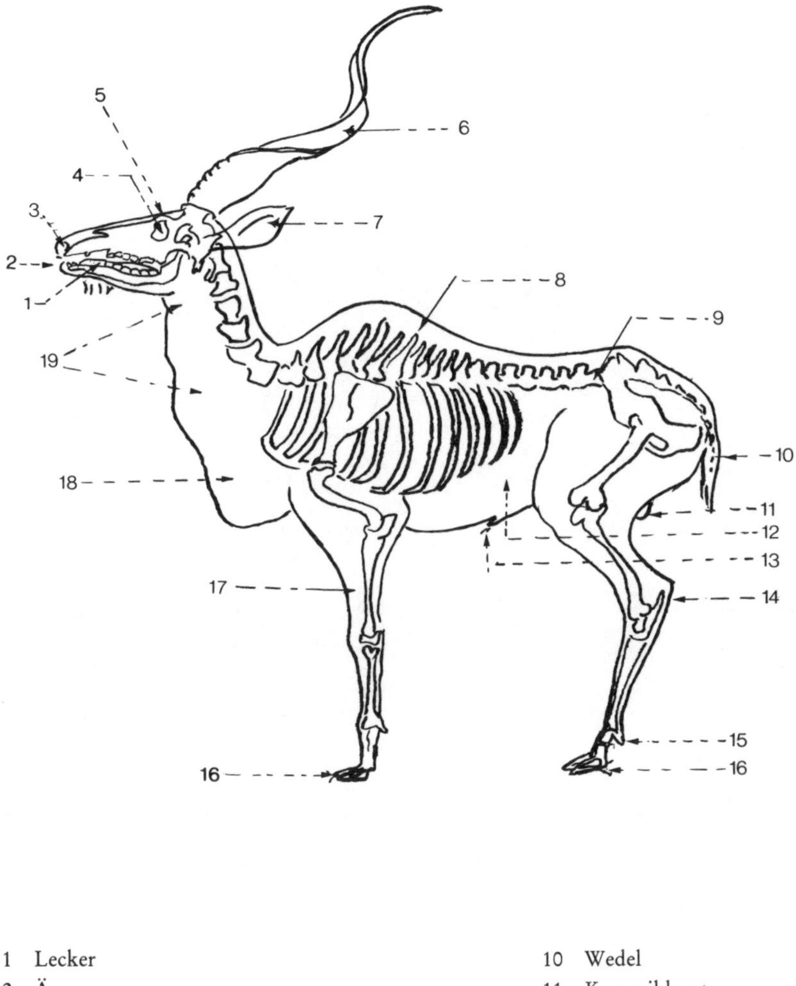

1 Lecker
2 Äser
3 Windfang
4 Lichter
5 Kopf oder Grind
6 einzeln Stange, insgesamt Gehörn
7 Lauscher oder Luser
8 Rumpf
9 Ziemer
10 Wedel
11 Kurzwildpret
12 Dünnung
13 Brunftrute und Pinsel
14 Hinterläufe
15 Geäfter
16 Schalen
17 Vorderläufe
18 Vorschlag
19 Hals oder Träger

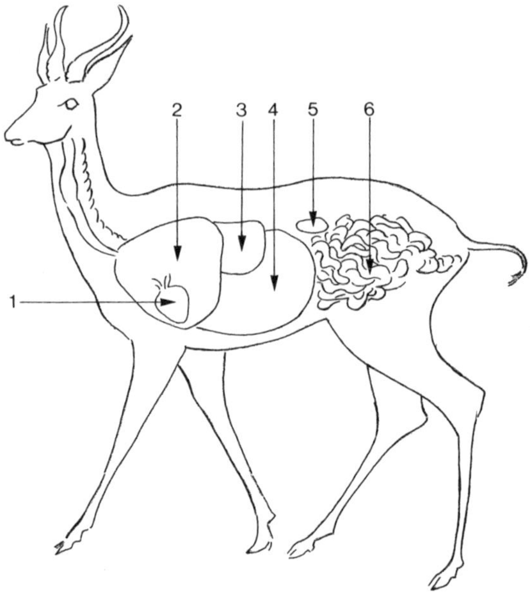

1 Herz
2 Lunge
3 Leber
4 Pansen
5 Niere
6 kl. Gescheide

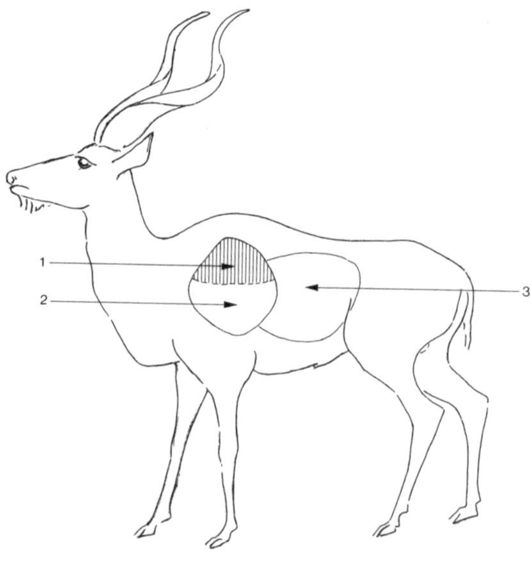

1 im Feuer
2 kurze Nachsuche
3 lange Nachsuche

Reiserouten

Route I

a. Oranje-Übergang (Violsdrift), Grunau – Seeheim – Konkiep – Aus – Lüderitzbucht

Zunächst fährt man durch harte Felswüste, z.T. gebirgig, bis nach Grunau. Die Vegetation ist recht spärlich, kaum Bäume, nur Büsche kleinster Art und häufig die zu den Aloëarten gehörenden Köcherbäume (Kokerboom). Alles macht einen sehr kahlen Eindruck.

Das Wildvorkommen ist auf dieser Route gering. In den Bergen halten sich überall Klippspringer auf. Desgleichen wird man dort gelegentlich größere Trupps von Bärenpavianen sehen können. Vereinzelt mag man Kudus begegnen, manchmal Springböcken. Strauße sind etwas stärker vertreten. Der Bestand an Bergzebras (Hartmannzebra) ist durch starken Abschuß in früheren Jahren stark dezimiert worden, so daß sich in den Bergen nur noch kleine Trupps bis höchstens acht Stück aufhalten. Vom Weg aus wird man sie kaum sehen können. Wer zum Fischfluß abbiegt, wird eher Gelegenheit haben, Kudus und Zebras zu beobachten.

Auf der wasserlosen Strecke zwischen Aus und Lüderitzbucht gibt es so gut wie kein Wild. Höchstens am Anfang der Strecke stehen vereinzelte Gruppen von Oryx und Straußen manchmal in Padnähe.

b. Lüderitzbucht – Aus – Helmeringhausen (hier Abstecher nach Schloß Duwisb möglich) – Maltahöhe – Namib – Walvisbay – Swakopmund (Schotterstraße, ab Walvisbay Teerstraße)

An die Sandwüste zwischen Lüderitzbucht und Aus schließt sich das steppenartige Randgebiet der Namib an. Hier geht die Wüste in die Halbwüste über.

Von Aus führt der Weg nordöstlich über Helmeringhausen nach Maltahöhe. Kurz hinter Aus gelangt man in die eindrucksvolle Tirasfläche, die sich beim Hineinfahren wie ein riesenhafter Suppenteller ausbreitet. Man hat einen Weitblick von Rand zu Rand. Mitten durch diese Riesenfläche zieht sich die Straße wie ein Faden ins schier Unendliche.

Leider ist diese Gegend ziemlich wildarm. Oryxantilopen sind nicht allzu häufig, werden aber auf den Farmen, die sie schonen, neu herangehegt. Strauße sieht man überall, Springböcke jedoch nicht häufig.

In den Bergen, die die Tirasfläche umsäumen, zwischen denen man beim Verlassen der Fläche hindurchfährt, halten sich noch Kudus in einem Bestand von geringer bis mittlerer Dichte auf. Dies Gebirge bietet hinreichend Schlupfwinkel für Leoparden. Desgleichen gibt es hier noch Geparden, Schakale und anderes Kleinraubwild, das man am Tage und nachts im Scheinwerferlicht zu sehen bekommt. Dabei begegnet man auch gelegentlich der Rotkatze, dem afrikanischen Luchs.

Hinter Helmeringhausen wird die Landschaft offener. Hier sind Springböcke häufiger. Steinböckchen bekommt man auf der ganzen Route immer wieder zu Gesicht.

Von Maltahöhe aus biegt die Straße in nordwestlicher Richtung über Nomtsas nach Walvisbay ab.

Das erste Stück ist offene Steppe mit Randbergen. Auf den Farmen sieht man Kudus in geringer, Oryx in mäßiger Anzahl, Springböcke in mittlerer Bestandsstärke. Strauße sind häufig. Bei Bullsport kommt der Reisende in das wilde, urwüchsige Gelände der Naukluft.

Die Naukluft (enge Schlucht) mit ihren unwegsamen Gebirgsstöcken bietet dem Wild noch einigermaßen Schutz. Klippspringer sind in den Bergen reichlich vertreten, ebenso Kudus. Desgleichen hält sich hier ein größerer Bestand an Hartmannzebras, für die beim Blesskopf ein Reservat eingerichtet wurde.

Die Zebras sind recht scheu, sie sind selten zu sehen. Bärenpaviane gibt es überall. Deshalb halten sich auch Leoparden in größerer Zahl hier auf. Oryx sind selten. Man trifft sie erst wieder hinter Ababis, wenn sich das Gelände zur Namib öffnet. Dort gibt es neben einem mittleren Bestand an Zebras noch Springböcke in größeren Rudeln und viele Strauße. Kudus leben am Rande der Namib nicht. Sie wagen sich nur ungern in die offene Fläche. Steinböckchen gibt es überall. An Raubwild kommen Geparden, Wildkatzen und Kleinraubwild vor.

Route II

Nakop – Karasburg – Warmbad – Grunau – Keetmanshoop – Mariental – Kalkrand – Windhoek (durchgehend Teerstraße)

Harte Felswüste begrüßt den Reisenden, wenn er den Oranje überschritten hat. Der Weg führt westlich der Tafelberge bis Warmbad. Dort geht es über flächiges Torrogelände nach Grunau.

Die Landschaft macht einen öden, sterilen Eindruck. Es gibt viele Bodenerosionen. Bei Grunau verläßt man den Weg, der zum Fischflußabgrund führt, und fährt nord-nord-ostwärts durch die Karasberge. Rechts liegt der große und links der kleine Karasberg. Die Landschaft ist steinig, dünn bewachsen, vegetationsarm. Die Gegend bis hierher ist so gut wie wildleer.

Von Keetmanshoop an geht es zuerst durch offenes, kahles Gelände. Östlich bleibt die Landschaft so bis Asab, westlich erscheint das imposante Massiv des Brukaros, eines erloschenen Vulkans. Bei Asab tritt im Osten der Weißrand (ein Kalkplateau) näher heran und begleitet den Reisenden fast bis Tsumis.

Kurz hinter Asab erhob sich einst der Mukurob, der Finger Gottes, am Rande des Kalkplateaus. Es war ein durch Erosion entstandenes Felsgebilde, das auch auf einer 1c-Briefmarke dargestellt war. Leider wurde dieses imposante Naturdenkmal 1988 von einem böigen Ostwind zum Schwingen gebracht, stürzte um und zerschellte in unzählige Bruchstücke. Eine Fama der Hottentotten besagt, wenn der Mukurob umstürze, sei die Herrschaft der Weißen gebrochen, und auf dem Lande läge dann ein Unstern.

Auch diese Strecke ist fast wildleer. Springböcke kann man nur vereinzelt zu sehen bekommen, Steinböckchen schon häufiger.

Am Fischfluß, der im Westen näher tritt, halten sich noch Kudu-Restbestände. Leider ist dieser Bestand schon recht gering. Die Farmen auf dem Weißrand haben teilweise noch mäßigen bis guten Bestand an Springböcken. Oryx sind nur in Ausnahmefällen vorhanden.

Von Mariental bis in Höhe von Tsumis hat man im Osten den Steilabfall des Weißrandes, hinter dem bereits die roten Kalaharidünen beginnen. Im Westen bleibt das Gelände steppenartig trocken. Die Vegetation wird nun etwas lebhafter und nimmt zu. Einzelne Bäume, Buschgruppen, kleine Büsche und höherstehende Gräser betonen den Charakter der Parksteppe, die nach Rehoboth hin zunimmt. Hier wechselt der Kalkboden bereits mit rotem Sand und Lehm ab.

Im Rehobothbezirk, durch den der Weg jetzt führt, wird der Baumbestand immer stärker. Man bekommt Gruppen schöner Giraffenakazien zu sehen, behängt mit großen Gesellschaftsvogelnestern. Wild ist an der Straße kaum zu beobachten, bis auf Tsumis, wo noch ein guter Bestand an Springböcken vorhanden ist.

Die Farmen auf dem Weißrand besitzen teilweise noch einen sehr guten Bestand an Springböcken und mancherorts an Oryx.

Steinböckchen sieht man häufig, Raubwild kaum. Es ist der intensiven Bejagung in den dortigen Schakalproefbezirken zum Opfer gefallen.

Ab Rehoboth gelangt man in gebirgiges Gelände, die Auasberge, in die Windhoek eingebettet liegt. Dort erkennt man üppige Bergvegetation.

In den Auasbergen stehen noch zahlreiche Kudus. Man bekommt sie fast immer auf der Fahrt zu sehen. Klippspringer und Paviane sind überall vorhanden. Leoparden halten sich in den Schluchten der Berge auf, desgleichen Paviane. Der Gepard hat stark zugenommen. Schakale, Luchse und Falbkatzen sind ebenfalls vorhanden.

Über einen Paß bei Bergtop (Kruin) fährt man steil nach Windhoek hinunter, das in einem großen Talkessel liegt.

Route III

Mata Mata – Eindpaal – Gochas – Stampriet – Uhlenhorst – Dordabis – Windhoek

Wer von Südafrika kommend den Kalahari-Gemsbockpark durchfährt, betritt beim Ausgangstor von Mata Mata Südwester Boden. Hier ist man bereits seit längerem in der Kalahari, jenem ariden Dünengebiet, das sich von Botswana bis hinein nach Südwest hinzieht.

Die ziegelroten Dünen, mit ihrem gelben Gras und den wenigen dunkelgrünen Dornbüschen und Bäumen, faszinieren immer wieder. Die oft pastellfarbenen Landschaftsbilder mit dem hohen hellblauen Himmel lassen einem diese Landschaft traumhaft und fast unwirklich erscheinen.

Die Kalahari ist noch voller Tierleben. Die dortigen Farmen besitzen gute Bestände an Springböcken und Oryx. Das Gnu ist leider fast völlig verschwunden und kommt nur noch in ganz kleinen Beständen vor. Löwen streifen ab und zu einmal aus dem Kalahari-Gemsbockpark in das besiedelte Gebiet, wo sie als Viehräuber ungern gesehen sind und daher bald den Verfolgern zum Opfer fallen.

Ducker sind selten, Steinböckchen häufig.

Der Weg folgt zunächst dem vereinigten Elefantenfluß und Auob über Eindpaal bis Tweerevieren, wo man dem Bett des westlich verlaufenden Auob folgt.

Der Fluß schlängelt sich zwischen den Dünen hindurch, die den Blick beidseitig begrenzen. Das Flußtal ist reich bestanden mit großen, stattlichen Kameldornbäumen (Giraffenakazien), auf denen Siedlersperlinge ihre Nester in Vielzahl bauen.

Der Weg, der nun über Gochas bis Stampriet führt, verläuft ständig in dem sehr breiten, trockenen Flußbett.

Zu seinem Erstaunen sieht der Reisende jedoch in diesem ganzen Flußtal Felder mit Weizen, Mais, Luzerne und Feldfrüchten, dazwischen auch sattgrüne Weingärten. Und dies in einem als arid verschrieenen Gebiet. Es mutet wie ein Wunder an. Das Wunder ist auch in der Tat vorhanden; denn das ganze Gebiet liegt über dem artesischen Becken, so daß jedes Bohrloch unerschöpflich Wasser in dickem Strahl hervorsprudeln läßt. Diese Bohrlöcher stehen jedoch unter strengster staatlicher Kontrolle, um einen Raubbau zu verhindern.

Durch die intensive Bearbeitung des fruchtbaren Bodens hat sich das Wild in das Dünengelände der Kalahari zurückgezogen. Kudus und Warzenschweine, die gerne das Ackerland aufsuchen, gibt es in diesem Teil des Landes überhaupt nicht. Lediglich Steinböckchen sind immer wieder anzutreffen. An Flugwild kann man Enten und Nilgänse beobachten, vormittags ist der Himmel bevölkert mit Schwärmen von ziehenden Flughühnern.

Vorbei an Gochas, dem einstigen Kamelgestüt der Schutztruppe, erreicht man Stampriet. Bei Stampriet wird das Bett des Auob verlassen. Die Schotterstraße folgt parallel dem letzten Dünenzug und verläuft in nördlicher Richtung.

Man befindet sich jetzt bereits auf dem Kalkplateau.

Das sehr ebene Kalkplateau zeigt reichen Bewuchs an niederen Buscharten. Auffallend sind der matt blaugraue Kababusch mit den weißen narzissenartigen Blüten, der tannengrüne Driedorn, der langstachelige Weißdorn mit den gelben Blütenbällchen und der kleinblättrige Hakkiesbusch mit seinen unangenehmen Dornklauen.

Ab Uhlenhorst wird die Gegend sandiger und breitet sich flach aus. Ab und an erscheinende Dünen sind niedrig und auslaufend. Bald künden ferne Bergzüge das Auasgebirge an, bei Dordabis fährt man bereits wieder durch die Bergwelt. Um Dordabis herum ist herrlicher Kameldornbaumwald zu finden, die Straße ist wohltuend beschattet. Hier ist das Vorkommen von Kudus wieder reich, auch Warzenschweine gibt es.

Hinter Dordabis gelangt man auf ein Hochplateau und trifft dann kurz vor Kapsfarm auf die große Teerstraße Gobabis – Windhoek. Diese Straße schlängelt sich in vielen Serpentinen durch die Berge und mündet im Kleinwindhoek-Tal in die Hauptstadt.

Route IV

a. Rietfontein (Grenze Botswana) – Sandfontein – Gobabis (nicht ratsam, schlechte Schotterstraße)
b. Akanaus – Aranos – Leonardville – Gobabis (gut fahrbare Schotterstraße)
c. vereinigt ab Gobabis – Omitara – Windhoek (Teerstraße)

Die Pad, von Ghansi kommend, tritt bei Rietfontein über Südwester Grenze. Sie führt noch einmal ein Stück über Botswana-Gebiet, um bei Sandfontein endgültig Südwest zu erreichen.

Von dort geht es durch das Sandfeld bis Gobabis. Das Gelände besteht aus plattem Sand und läßt überall noch flache Dünenwellen erkennen.

Die Vegetation besteht aus starken, langen Gräsern, schütterem Dornbusch mit eingestreuten Baumgruppen. An Wild kommen in mittlerer Bestandsstärke Kuhantilopen (Hartebeest), Oryx, Springböcke, Ducker und Steinböckchen vor. Der Bestand an Springböcken ist allgemein gut. An schwerem Raubwild ziehen Löwen ab und zu über die Grenze, sie sind jedoch selten. Geparden haben sich gut vermehrt und sind häufig. Der Leopard ist selten, Schakale, Rot- und Falbkatzen häufig, selten auch die hübsche Schwarzfußkatze.

Bei Gobabis trifft man auf die Pad, die von Akanaus kommend über Aranos und Leonardville Gobabis erreicht. Diese Pad folgt dem Lauf des Nossob. Ähnlich, wie Route III dem Auob folgt, verläuft auch diese Pad innerhalb des flachen Flußbettes.

Man hat zu beiden Seiten die Uferwände, die den Ausblick auf die weitere Umgebung begrenzen. Das Flußbett wird von sehr schönen, hohen Bäumen des lockeren Galleriewaldes umsäumt. Oberhalb des

Flusses zieht sich ein flaches Sandfeld hin, das im Osten in die roten Kalaharidünen übergeht.

An Wild gibt es auf den Farmen mittlere bis starke Bestände an Springböcken, auch Oryxantilopen und Hartebeeste. Gnus sind fast völlig verschwunden, bis auf ganz kleine, fast bedeutungslose Restbestände. An Raubwild gibt es Geparden und vereinzelt auch die große gefleckte Hyäne. Häufig sind Schakal, alle Wildkatzenarten und Kleinraubwild.

Ab Gobabis führt der Weg über Witvley-Omitara nach Windhoek. Das Gelände behält noch lange seinen Sandfeldcharakter.

Vor Windhoek kommt man dann in die Berge. Entsprechend hat man auf dieser Teilstrecke, ab Gobabis, einen guten Bestand von Hartebeesten, Oryxantilopen, Kudus, Warzenschweinen und einen mittleren bis geringen Bestand an Eland. Der Bestand an Springböcken ist gewöhnlich stärker als der der Großantilopen. Nach Windhoek zu nehmen diese Antilopenarten ab und machen im Berggelände dem Kudu Platz, der dort noch in reichem Maße seinen Einstand hat. Hier gibt es auch einen meist guten Bestand an Warzenschweinen, die dem Reisenden häufig bei Tag begegnen und oft über den Weg wechseln.

Route V

a. Otjiwarongo – Otavi – Kombat – Rietfontein – Grootfontein – Nurugas, Rundu am Okawango (alles Teerstraße)
b. Otavi – Tsumeb – Namutoni

Von Otjiwarongo führt der Weg nach Otavi durch ein Gelände mit großen, offenen Flächen, die immer wieder von Bergzügen begrenzt werden. Im Osten beherrscht der Waterberg noch lange das Bild. Die Vegetation bildet eine zum Teil offene Parklandschaft, die an vielen Stellen jedoch in dichten Busch übergeht mit sich behinderndem Baumwuchs.

Jetzt beginnen die sonst üblichen Dornbäume bereits kleinblättrigen Laubbäumen Platz zu machen. Der Wildbestand in dieser Gegend ist im allgemeinen gut. Auf fast allen Farmen sind außer einem guten Bestand an Kudus noch Oryxantilopen vorhanden. Wo das Gelände offen ist, gibt es auch noch Springböcke. Verschiedentlich sind Elands anzutreffen, Hartebeeste seltener. Ducker gibt es überall. Wo Berge mit Schroffen sind, beherbergen sie Klippspringer. Der Bestand an Warzenschweinen ist stark.

An Raubwild sind Leoparden und Geparden zahlreich vertreten, desgleichen Schakale und Wildkatzen.

In der Mitte zwischen Otjiwarongo und Otavi biegt eine alte Pad bei Otjikango nach Grootfontein in nordöstlicher Richtung ab. Sie verläuft über Rietfontein durch fast gleichartiges Gelände wie bisher. Es ist dies die alte ungeteerte Straße. Sie bietet aber ein reizvolles Landschaftsbild.

Wer bequemer reisen will, bleibt auf der Teerstraße bis Otavi und biegt dort auf eine Teerstraße nach Grootfontein ab.

Dem nördlicheren Klima entsprechend, erscheinen um Grootfontein die ersten Palmen. In der Gegend von Rietfontein gedeihen frostempfindliche Früchte, wie Popaias und Bananen. Hier kommen bereits die kleinen Nachtäffchen, eine Lemurenart, vor.

Nördlich von Grootfontein gelangt man in den neu besiedelten Nurugasblock. Der Baumbestand ist herrlich, besonders die hohen, kerzengerade gewachsenen Tambutibäume fallen sofort auf. Das dort einst überreiche Wildvorkommen ist durch die vordringende Besiedelung dahingeschmolzen. Es ist jedoch immer noch ein guter Wildbestand auf den Farmen zurückgeblieben, der wieder zunimmt. Dort gibt es Giraffen, Steppenzebras, Gnus, Elands, manchmal verirrt sich ein Kaffernbüffel dorthin. An Raubwild kommen Löwen im Durchzug, sonst Leoparden, Geparden, Tüpfelhyänen, Hyänenhunde und alle kleineren Räuber vor.

Die Teerstraße bringt einen nun in kerzengerader Linie bis Eundu am Okawango an der Nordgrenze unseres Landes. Beidseitig der Straße stehen immer wieder von den dortigen Eingeborenen errichtete rietgedeckte, vorne offene Schuppen, in denen sie, mit großem Eifer, ihre Schnitzereien und Holzarbeiten anfertigen, die sie den vorbeikommenden Touristen zum Kauf anbieten. Trommeln, Schüsseln, Schalen, allerlei Tiere, ja auch große Möbel, wie Tische, Stühle und schwere Truhen kann man dort erstehen. Viele Jagdfarmer möblieren ihren Gästeraum mit diesen urtümlichen Stücken und statten den Wohnraum damit stilvoll und gemütlich aus.

Hohe Makalanipalmen umstehen den Okawango, und hier kann man auch Flußpferde und Krokodile zu sehen bekommen.

Von Otavi kommend, folgt man dem landschaftlich sehr reizvollen Otavital bis Tsumeb, der Minenstadt.

Die Vegetation ist hier ausgesprochen üppig. Das breite Tal mit seinem reichen Pflanzenwuchs, den satten Farben und den üppigen Maisfeldern wird von einer Bergkette zu beiden Seiten umsäumt, die im Licht der

Tageszeiten einem bunten Farbwechsel unterworfen ist und dem Tal das Aussehen ungemeiner Lieblichkeit verleiht.

Die verhältnismäßig dichte Besiedelung dieses Tales hat das Wild weitgehend verdrängt, so daß nur noch Kudus, Ducker, Steinböckchen und Klippspringer vom Weg aus in Anblick kommen.

Von Tsumeb aus führt der Weg jetzt nordwestwärts nach Namutoni. Nicht weit hinter Tsumeb liegt zur linken Hand der rätselhafte Otjikotosee, bei dem es sich lohnt, anzuhalten.

Es handelt sich hier um einen abgrundtiefen Kratersee, dessen wirkliche Tiefe noch nicht festgestellt worden ist. Der fast kreisrunde, steil abfallende Krater macht ein Hinabsteigen unmöglich. Man schaut auf eine geheimnisvoll dunkle Wasserfläche, in der es von kleinen, bunten Fischen wimmelt.

Ab hier wird die Busch- und Baumvegetation immer dichter. Oft kann man nur wenige Schritte vom Weg entfernt kein Wild mehr sehen. Der Ausblick auf die umgebenden Höhenzüge bleibt meistens versperrt.

Kudus sind dort in großer Menge vorhanden, desgleichen kommen auch Oryxantilopen auf den meisten Farmen vor. Ducker, Stein- und Blauböckchen erscheinen immer wieder, häufig kreuzen Warzenschweine den Weg. Viele Farmen haben noch einen guten Bestand an Elands.

An Raubwild lebt hier fast alles, was Südwest noch zu bieten hat. Löwen wechseln durch, Leoparden, Geparden und Hyänenhunde geben häufig Gastrollen in diesem Gebiet. Beide Hyänenarten, Rotkatze, Wildkatze, Schakal sind ständig anzutreffen. Selbst der scheue und recht seltene Serval ist dort beobachtet worden. Die an die Etoshapfanne angrenzenden Farmen erhalten immer einmal von dort vorkommenden Wildarten Zuzug. Einige Farmen haben einen eigenen Bestand an Gnus, Elands und Steppenzebras, auch kommen Giraffen auf den meisten Farmen noch vor.

Route VI

a. Okahandja – Omaruru – Khorixas – Franzfontein – Kamanjab
b. Okahandja – Karibib – Usakos – Swakopmund

Von Okahandja führt der Weg durch dicht bebuschtes Gelände nach Omaruru. Die Landschaft besteht aus Flächen mit Randbergen. Oft ist die

Sicht durch hohe Bäume und Dornbüsche verdeckt. Es folgen Omuramben mit Galeriebewaldung und offener Parksteppe. Hier ist reicher Bestand an Kudus, Ducker und Warzenschweinen. Ab und zu wird ein Fluß überquert, als erster der Unterlauf des Khan. Von Omaruru geht es west-nordwestlich durch das Okombahe-Reservat nach Khorixas. Hier befinden wir uns bereits im Damaragebiet. Die Landschaft ist immer noch flächig mit Randbergen. Die Bebuschung läßt in der Dichte stark nach. Der Landschaftscharakter gleicht einer Parksteppe. Wo größere Flächen vorhanden sind, gibt es Springböcke in mäßiger bis mittlerer Bestandsstärke. Steinböckchen sieht man überall, desgleichen sind Ducker häufig.

Das Gelände wird steiniger und leicht bergig, Flüsse sind zu überqueren. Der Bestand an Kudus ist mittelstark, der an Oryx mäßig bis gering.

Nachdem der Uchab gekreuzt ist, nimmt die Landschaft typischen Kaokoveldcharakter an. Es erscheinen die ersten Laubbäume, Mopane, die wegen ihres terpentinartigen Saftes termitensicher sind. Hier haben neben Kudus, Oryx, Ducker und Steinböckchen auch Hartmannzebras in mäßiger Stärke ihren Einstand.

Hinter Khorixas waren vor wenigen Jahren noch mittlere Bestände von Spitzmaulnashörnern vorhanden. Inzwischen wurden die meisten Exemplare von der Naturschutzbehörde in die Etoshapfanne umgesiedelt.

Elefanten waren früher regelmäßige Besucher aus dem Kaokoveld und stellten sich mehrere Monate als Standwild ein, um bei beginnender Trockenheit in das eigentliche Kaokoveld zurückzuwandern. Heute ziehen sie an den neuen Wasserstellen entlang zur Etoshapfanne. Nur Einzelstücke oder kleine Gruppen treten gelegentlich in Erscheinung.

An Kleinantilopen beherbergen die dortigen Berge noch Klippspringer und Blauböckchen. Herden von Bärenpavianen bevölkern die Bergstöcke. Hier gibt es an Raubwild noch zahlreiche Leoparden und Geparden. Immer wieder tauchen mehr oder weniger große Packs von Hyänenhunden auf. Löwen sind ebenfalls regelmäßige Besucher. Zahlreich sind Schakale, Hyänen, Falb- und Rotkatzen.

Der zweite Weg führt von Okahandja bis Karibib durch ähnliches Gelände. Nördlich der Pad ist die Landschaft offen und flach. Sie bildet eine teilweise buschige Parksteppe.

Im Süden zieht sich eine Bergkette bis nach Karibib hin. An Wild gibt es dort Kudus in mittlerer bis starker Dichte, auf den Flächen Springböcke in mäßigem Bestand. Oryxantilopen sind in mittelstarken Verbänden vertreten. Warzenschweine, Ducker und Steinböckchen gibt es überall. In den Bergstöcken halten sich Klippspringer in großer Zahl auf. Bärenpaviane besiedeln die Berge in großen Trupps. Der Bestand an Leoparden ist entsprechend groß. Geparden haben stark zugenommen und sind häufig in Trupps von 2 bis 6 Kopf zu sehen.

Von Karibib geht es westwärts durch die Berge nach Usakos. Nördlich sieht man das Massiv des Erongo aufragen. Diese Berge beherbergen Kudus, Klippspringer, Ducker und Paviane. An Raubwild befinden sich dort Leoparden in größerer Menge sowie Geparden und Kleinraubwild.

Ab Usakos wird die Landschaft immer offener und ebener. Die Berge treten zurück, um der offenen Namib Platz zu machen. Bald erscheint links im Norden das Massiv der Spitzkuppe mit den Pontokbergen.

Die Vegetation wird immer spärlicher, je mehr man sich der Küste nähert. Die anfängliche Steinwüste macht der Sandwüste Platz, die sich in Küstennähe zu hohen Dünen türmt.

Von den einstmals unermeßlichen Wildmengen sind nur noch klägliche Reste übriggeblieben. Man bekommt vereinzelt Oryx und Springbock zu sehen. Steinböckchen fehlen jetzt, hier ist es zu trocken.

Schweres Raubwild fehlt, mit Ausnahme der braunen Hyäne, die an der Küste recht häufig ist. Desgleichen zieht die Küste mit ihrem Auswurf an toten Robben und Fischen Schakale an.

Route VII

Windhoek – Khomashochland – Donkerhoek – Swakopmund

Schon ab Windhoek führt der Weg durch steiles, bergiges Gelände. Nach kurzer Zeit befindet man sich mitten im Khomashochland. Die Straße führt durch Täler und über Höhen, die einen herrlichen Weitblick über das steinerne Meer gestatten.

Es ist eine der eindrucksvollsten Reiserouten unseres Landes. Die Vegetation besteht aus lockerem Buschfeld in den Tälern, es wachsen hohe, etwas harte Gräser und Baumgruppen. Die Flußufer sind mit dichtem Galleriewald bestanden.

Die Berge tragen die gesunde kurze Bergweide mit niedrigen Büschen und Einzelbäumen, die oft bis auf den obersten Grat hinauf gedeihen.

Hier haben sich Kudus noch in großer Zahl erhalten. Auf manchen Farmen besteht noch ein mittlerer Bestand an Hartmannzebras.

Leopard und Gepard sind recht häufig, ebenfalls Hyäne, Schakal und Rotkatze.

Nach Verlassen des Gebirges gelangt man bei Donkerhoek an den Rand der Namib. Von hier ab durchquert man das Wildreservat III, heute Namibpark genannt, bis nach Swakopmund.

Anfangs noch bergig, treten dann die Höhenzüge immer mehr zurück. Im Norden zieht sich das Swakoptal entlang, teilweise tief eingeschnitten. Im Süden breitet sich die Tinkasfläche endlos aus, mit dem Bergzug Langer Heinrich am Ende.

Der Namibpark wird von Swakop und Kuiseb begrenzt.

Hier lebt ein guter Bestand an Oryxantilopen und Springböcken. Den östlichen Teil beleben noch Bergzebras in mittlerer bis guter Bestandsstärke.

Leoparden kommen nur in Bergnähe vor. Ferner sind Geparden, Hyänen und Schakale zu beobachten. Rot- und Falbkatze zeigen sich nur im Vorgelände der Namib.

Die Kleinantilopen sind hauptsächlich durch Steinböckchen und in den Bergen durch Klippspringer vertreten. Bärenpaviane halten sich in den Randbergen auf. Strauße beleben die Ebenen in großer Zahl.

Liste der Rekordtrophäen

Bei 'Rowland Ward's records of big game' eingetragene Rekorde

A. Weltrekord

Elenantilope	40¼″ = 102,3 cm	Kasane	1963	R. H. Gates
Großer Kudu	71½″ = 181,6 cm	Lydenburg Tvl.	–	G. Rous
Streifengnu	33″ = 84 cm	im Transvaal	1950	A. A. Schooh
Spießbock	48″ = 122 cm	Botswana	–	Sir A. Beiley
Kuhantilope	27¼″ = 69,3 cm	Orumbingu	1974	H. H. Denk
Schwarznasen-impala	26½″ = 67,3 cm	Angola	1957	H. de Espinha
Springbock	19⅜″ = 49,25 cm	Prospekt SWA	1973	B. Steenkamp
Kronenducker	7⅛″ = 18,1 cm	im Transvaal	–	W. Lattigan
Steinböckchen	7½″ = 19 cm	i. d. Kapprovinz	–	D. Mc. Intosh
Keiler	24″ = 61 cm	?	–	Sir E. G. Loder

B. Südwestrekord

Elenantilope	34¼″ = 87 cm	Otjiwa	1977	H. Derricks
Großer Kudu	62½″ = 158,8 cm	Airlie	1972	D. Delport
Streifengnu	28½″ = 72,5 cm	im Sandveld	–	L. Finke
Spießbock	45½″ = 115,6 cm	SWA	1964	R. Lee
Kuhantilope	27¼″ = 69,3 cm	Orumbingu	1974	H. H. Denk
Schwarznasen-impala	23¼″ = 59 cm	am Kunene SWA	1970	L. Finke
Springbock	19⅜″ = 49,25 cm	Prospekt	1973	B. Steenkamp
Kronenducker	5½″ = 14 cm	in SWA	1975	J. C. Jannet
Steinböckchen	5¼″ = 13,3 cm	Wilhelmstal	1968	R. K. H. Haase
Keiler	18½″ = 47 cm	Voigtsgrund	1978	H. Steiner

Jagdgesetzgebung für Südwestafrika

Amtsblatt für Südwestafrika, vom 20. Juni 1975, No. 3469

Kapitel III

25. Die Exekutive des Landesrates kann zu gegebener Zeit für jedes Jahr offizielle Jagdzeiten festlegen, mit Vorbehalt dessen, daß dabei Wildarten von der Liste der geschützten Tiere gestrichen oder dieser zugefügt werden können.
26. Niemand, außer der Inhaber eines rechtsgültigen, durch die Exekutive zugestandenen Permits, darf eine zu spezial geschütztem Wild erklärte Wildart jagen oder fangen.

    Ein Permit, welches von der Exekutive Kraft dieses Artikels ausgestellt ist, berechtigt den Permitinhaber, das dort aufgeführte Wild zu jagen, wobei die angegebenen Bedingungen, wie Stückzahl, Geschlecht und Spezies genauestens einzuhalten sind.

    Die Erlegung jedes solchen Stückes Wild ist innerhalb von 10 Tagen beim nächsten Naturschutzbeamten oder der zuständigen Polizeistelle zu melden.
27. Niemand, außer der Inhaber eines rechtsgültigen, durch die Exekutive zugestandenen Permits, darf eine zu geschütztem Wild erklärte Wildart jagen oder fangen.

    Ein Permit, welches von der Exekutive Kraft dieses Artikels ausgestellt ist, berechtigt den Permitinhaber, das dort aufgeführte Wild zu jeder Zeit zu jagen, wobei die angegebenen Bedingungen, wie Stückzahl, Geschlecht, Spezies und Jagdorte genauestens einzuhalten sind.

    Eine unmittelbare Meldung an die Behörde ist nicht nötig.
28. Niemand darf ohne die schriftliche Zustimmung der Exekutive auf Grund und Boden, der der Administration von S.W.A. gehört, irgendwelches Wild oder Flugwild noch sonst irgendwelche freilebenden Tiere jagen oder fangen.
29. Der Eigentümer oder Pächter einer Farm oder eines zusammenhängenden Areals, das größer als 1000 ha ist, ist, sofern dieses Gebiet den Vorschriften entsprechend ganzseitig umzäunt ist, Eigentümer alles jagdbaren Wildes und Flugwildes, das sich dort frei aufhält.
30. Niemand, außer der rechtliche Inhaber einer schriftlichen Zustimmung, die ihm übereinstimmend mit den Vorschriften dieses Artikels (unten angeführt) vom Besitzer oder Pächter des Grund und Bodens ausgestellt ist, darf irgendwelches jagdbare Wild jagen.

    Die angeführte schriftliche Zustimmung darf nur durch den Eigentümer oder Pächter eines vorschriftsmäßig voll umzäunten Areals über 1000 ha oder einer Farm ausgestellt werden.

Eine solche schriftliche Zustimmung zum Jagen muß:
mit Tinte oder Kugelschreiber abgefaßt sein,
den Namen und die volle Wohnadresse des Begünstigten enthalten,
das Datum oder die Daten der Jagdtage sowie
den Namen der Farm oder des Areals, auf dem gejagt wird, nennen und
vom Jagdeigentümer unterschrieben sein.

Eine solche Zustimmung zur Jagd darf nur innerhalb des Zeitraumes der offiziellen Jagdzeit (gewöhnlich 1. Juni bis 31. Juli für jagdbares Wild und 1. August bis 30. September für Flugwild) ausgestellt werden.

Nach Abschluß der Jagd muß der Jäger das geschossene Wild mit Datum und Ortsangabe auf der Rückseite des Schreibens endosieren.

Anhang

1. Jagdzeiten
Die offizielle Jagdzeit wird gewöhnlich
für jagdbares Wild vom 1. Juni bis 31. Juli,
für jagdbares Flugwild vom 1. August bis 30. September
jedes Kalenderjahres festgesetzt.

38. Niemand darf ohne Zustimmung der Exekutive Wild mit künstlichem Licht jagen.

In der Zeit zwischen ½ Stunde nach Sonnenuntergang bis ½ vor Sonnenaufgang ist jegliche Jagdausübung verboten.

42. Der Gebrauch von Faustfeuerwaffen oder automatischen Gewehren bei der Jagd ist verboten.

Jagdwaffen würfen nicht offen auf öffentlichen Verkehrswegen transportiert werden. Zum Transport müssen alle Feuerwaffen, ungeladen, in einem Futteral oder einem Gewehrkasten fest verschlossen sein.

Trophäenjagd

Die Trophäenjagd beginnt alljährlich am 1. Februar und schließt am 31. Oktober. In diesem Zeitraum können Jäger aus dem Ausland auf Jagdfarmen oder mit Jagd-Safari-Unternehmen jagen. Dem Gastjäger stehen 298 eingetragene Jagdfarmen, 16 Jagd-Gästefarmen und 17 anerkannte Jagd-Safari-Unternehmen zur Verfügung.

Die Jagd kann nur unter der Führung eines geschulten und geprüften Jagdführers durchgeführt werden; dafür gibt es 145 registrierte Jagdführer, 23 Meister-Jagdführer und 43 Berufsjäger. Alle Jagdführer haben einen Erstehilfekurs absolviert, der alle drei Jahre wiederholt werden muß.

Jagdführer ist der Besitzer einer registrierten Jagdfarm oder ein Angestellter auf einer solchen.

Meister-Jagdführer kann der Jagdführer werden, der zwei Jahre lang erfolgreich und unbescholten auf mindest zwölf Jagdunternehmungen seine Klienten geführt hat. Er wird noch einmal geprüft und erhält dann das Recht, sich auf zwei weiteren Farmen die Jagdkonzession geben zu lassen.

Der Berufsjäger muß entweder Eigentümer eines eingetragenen Safariunternehmens oder permanenter Angestellter eines solchen sein. Nur eine als solche eingetragene Jagd-Gästefarm ist berechtigt, einen Berufsjäger permanent anzustellen. Berufsjäger haben das Recht, auf jeglicher Farm, auf der sie vom Besitzer die Konzession erhalten, ihren Jagdkamp aufzuschlagen und dort ihre Jagdgäste zu führen.

Alle beruflich zugelassenen Jagdführer sind verpflichtet, den gesetzlichen Bestimmungen und Verordnungen genauestens nachzukommen. Sie sind für ihre Klienten für alles Geschehen während einer Jagd voll verantwortlich. Für einen Jagdgast kann das Jagdpermit nur von dem zuständigen Jagdführer beantragt werden.

Der Jagdführer muß am Ende eines jeden Jagdtages die erlegten Stücke auf der Rückseite des Permits mit Vermessungsangaben an der dort angegebenen Stelle eintragen und vom Gast gegenzeichnen lassen. Der Jagdführer ist verantwortlich für die Rohbehandlung der Trophäen und Wilddecken. Nach Abschluß der Jagd muß er das Tierärztliche Zeugnis und das Ausfuhrpermit für die Trophäen oder Teile derselben beschaffen.

Der Jagdgast ist in die Haftpflichtversicherung seines Jagdführers mit eingeschlossen. Dieser ist berechtigt, eine entsprechende Gebühr dafür zu erheben.

Unstimmigkeiten zwischen Gastjäger und Jagdführer können beim Schlichtungsausschuß des Verbandes gemeldet und dort bereinigt werden.

Für die Ausfuhr von Trophäen oder Decken von lt. Washington-Abkommen geschützter Tiere muß der Klient sich ein Importpermit seiner Heimatbehörde besorgen, bevor die hiesige Behörde ein Permit zum Export ausfertigen darf.

Zum Trophäenversand wie auch zur Präparation, Vollmontage und Aufsetzen auf Gehörnschilder etc. stehen dem Gastjäger eine ganze Reihe guter Firmen im Lande zur Verfügung. Der Jäger tut gut daran, sich diesbezüglich von seinem Jagdführer oder vom Berufsjägerverband beraten zu lassen, um so rasch wie möglich die Ergebnisse seiner jagdlichen Bemühungen zu Hause in Empfang nehmen zu können.

Literatur

Ardrey, R.: Adam kam aus Afrika. München: Fritz Molden 1967.
Budack, K.: Bericht über die San-Völker
Castell-Rüdenhausen, H. Graf zu: Waidgerechte Jagd, auch in Südwestafrika. Windhoek: John Meinert 1961.
Diezels Niederjagd. Neu bearbeitet von D. Müller-Using. Hamburg und Berlin: Paul Parey 1978.
Dorst, J.; Dandelot, P.: Säugetiere Afrikas. Hamburg und Berlin: Paul Parey 1973.
Eibl-Eibesfeld, J.: Der vorprogrammierte Mensch. München: Fritz Molden 1973.
Frevert, W.: Das jagdliche Brauchtum. Jägersprache, Bruchzeichen, Jagdsignale und sonstige Jagdgebräuche. Hamburg und Berlin: Paul Parey 1969.
Frevert, W.: Wörterbuch der Jägerei. Ein Nachschlagewerk der jagdlichen Ausdrücke. Neubearbeitet von H. Behnke. Hamburg und Berlin: Paul Parey 1975.
Gaerdes, J.: Änderungen im Wildbestand von SWA seit 1910. (Noch nicht abgeschlossen, erscheint laufend im Mitteilungsblatt der S.W.A. Wissenschaftlichen Gesellschaft, Windhoek.
Hösch, W.: Die Vogelwelt Südwest-Afrikas. Windhoek: John Meinert 1955.
Joubert, E.; Mosterd, P. K.: Distribution patterns and status of some mamals in South West Africa. Selbstverlag der Abt. für Naturschutz und Tourismus der Administration von SWA 1978.
Lawick-Goodall, H. & J.: Die unschuldigen Mörder.
Lorenz, K.: Das sogenannte Böse, Rückseite des Spiegels.
Owens, M. & D.: Der Ruf der Kalahari.
Roberts, A.: The Birds of South Africa. 1. ed. 1940, IV. ed. 1978. C. Struik (Pty) Ltd.
Schaller, G. B.: Löwen in der Serengeti.
Schulze, H.: Der waidgerechte Jäger. Leitfaden für die Jägerprüfung und die jagdliche Praxis. Neu bearbeitet von S. Ramm. Hamburg und Berlin: Paul Parey 1974 (vergriffen).
Tumler, E.: Hunde ernst genommen.
Vedder, H.: Bericht über die Daman (Damara).

Verzeichnis der deutschen Tiernamen

Verzeichnis der wissenschaftlichen Tiernamen

Reiserouten in Südwestafrika / Namibia